plurall

Parabéns!
Agora você faz parte do **Plurall**, a plataforma digital do seu livro didático!
No **Plurall**, você tem acesso gratuito aos recursos digitais deste livro por meio do seu computador, celular ou *tablet*.

Venha para o **Plurall** e descubra uma nova forma de estudar!
Baixe o aplicativo do **Plurall** para Android e IOS ou acesse **www.plurall.net** e cadastre-se utilizando o seu código de acesso exclusivo:

AAPAEET6T

Este é o seu código de acesso Plurall.
Cadastre-se e ative-o para ter acesso aos conteúdos relacionados a esta obra.

@plurallnet

@plurallnetoficial

SOMOS EDUCAÇÃO

MARCHA CRIANÇA

1º ANO
ENSINO FUNDAMENTAL

CIÊNCIAS

Maria Teresa Marsico

Licenciada em Letras pela Universidade Federal do Rio de Janeiro (UFRJ).
Pedagoga pela Sociedade Unificada de Ensino Superior Augusto Motta.
Atuou por mais de trinta anos como professora de Educação Infantil e Ensino Fundamental das redes municipal e particular do estado do Rio de Janeiro.

Maria Elisabete Martins Antunes

Licenciada em Letras pela Universidade Federal do Rio de Janeiro (UFRJ).
Atuou durante trinta anos como professora titular em turmas do 1º ao 5º ano da rede municipal de ensino do estado do Rio de Janeiro.

Armando Coelho de Carvalho Neto

Atua desde 1981 com alunos e professores das redes pública e particular de ensino do estado do Rio de Janeiro.
Desenvolve pesquisas e estudos sobre metodologias e teorias modernas de aprendizado.
Autor de obras didáticas para Ensino Fundamental e Educação Infantil desde 1993.

Vívian dos Santos Marsico

Pós-graduada em Odontologia pela Universidade Gama Filho.
Mestra em Odontologia pela Universidade de Taubaté.
Pedagoga em formação pela Universidade Veiga de Almeida.
Professora universitária.

editora scipione

editora scipione

Direção Presidência: Mario Ghio Júnior
Direção de Conteúdo e Operações: Wilson Troque
Direção editorial: Luiz Tonolli e Lidiane Vivaldini Olo
Gestão de projeto editorial: Tatiany Renó, Juliana Ribeiro Oliveira Alves (assist.)
Gestão de área: Isabel Rebelo Roque
Coordenação: Luciana Nicoleti
Edição: Ana Carolina Suzuki Dias Cintra, Daniella Drusian Gomes, Laura Alves de Paula e Mariana Amélia do Nascimento (assist.)
Planejamento e controle de produção: Patrícia Eiras e Adjane Queiroz
Desenvolvimento Página +: Bambara Educação
Caderno de Criatividade e Alegria: Asa de Papel
Revisão: Hélia de Jesus Gonsaga (ger.), Kátia Scaff Marques (coord.), Rosângela Muricy (coord.), Aline Cristina Vieira, Ana Curci, Ana Paula C. Malfa, Arali Gomes, Carlos Eduardo Sigrist, Cesar G. Sacramento, Claudia Virgilio, Daniela Lima, Diego Carbone, Flavia S. Vênezio, Gabriela M. Andrade, Heloísa Schiavo, Kátia S. Lopes Godoi, Luciana B. Azevedo, Luiz Gustavo Bazana, Patricia Cordeiro, Paula Rubia Baltazar, Raquel A. Taveira; Amanda T. Silva e Bárbara de M. Genereze (estagiárias)
Arte: Daniela Amaral (ger.), Claudio Faustino (coord.), Eber Alexandre de Souza (edição de arte)
Diagramação: Essencial Design
Iconografia e tratamento de imagem: Sílvio Kligin (ger.), Roberto Silva (coord.), Douglas Cometti (pesquisa iconográfica), Cesar Wolf e Fernanda Crevin (tratamento)
Licenciamento de conteúdos de terceiros: Thiago Fontana (coord.), Liliane Rodrigues (licenciamento de textos e fonogramas), Claudia Rodrigues, Erika Ramires, Luciana Cardoso Sousa e Luciana Pedrosa Bierbauer (analistas adm.)
Ilustrações: Bruna Assis Brasil (Aberturas de unidade), Ilustra Cartoon e José Rodrigues
Design: Gláucia Correa Koller (ger.), Flávia Dutra (proj. gráfico e capa), Erik Taketa (pós-produção), Gustavo Vanini (assist. arte)
Ilustração e adesivos de capa: Estúdio Luminos

Avenida das Nações Unidas, 7221, 1º andar, Setor D
Pinheiros – São Paulo – SP – CEP 05425-902
Tel.: 4003-3061
www.scipione.com.br / atendimento@scipione.com.br

Dados Internacionais de Catalogação na Publicação (CIP)

Marcha criança ciências 1º ano / Maria Teresa Marsico... [et al.] - 4. ed. - São Paulo : Scipione, 2019.

Suplementado pelo manual do professor.
Bibliografia.
Outros autores: Maria Elisabete Martins Antunes, Armando Coelho de Carvalho Neto, Vívian dos Santos Marsico.
ISBN: 978-85-474-0190-0 (aluno)
ISBN: 978-85-474-0191-7 (professor)

1. Ciências (Ensino fundamental). I. Marsico, Maria Teresa. II. Antunes, Maria Elisabete Martins. III. Carvalho Neto, Armando Coelho de. IV. Marsico, Vívian dos Santos.

2019-0069 CDD: 372.35

Julia do Nascimento - Bibliotecária - CRB-8/010142

2020
Código da obra CL 742207
CAE 648162 (AL) / 648163 (PR)
4ª edição
2ª impressão
De acordo com a BNCC.

Impressão e acabamento: Bercrom Gráfica e Editora

Uma publicação SOMOS EDUCAÇÃO

Bruna Assis Brasil/Arquivo da editora

Os textos sem referência foram elaborados para esta coleção.

Com ilustrações de **Bruna Assis Brasil**, seguem abaixo os créditos das fotos utilizadas nas aberturas de Unidade:

UNIDADE 1: **Cones**: SDMANIA/Shutterstock, **Tabela**: nexus 7/Shutterstock, **Quadra**: pr2is/Shutterstock;

UNIDADE 2: **Moita**: Paolo Trovo/Shutterstock, **Coqueiro**: Suthin_Saenontad/Shutterstock, **Planta**: DESIGNFACTS/Shutterstock, **Concha**: Fer Gregory/Shutterstock, **Concha**: Fer Gregory/Shutterstock, **Concha**: Fer Gregory/Shutterstock, **Concha**: Fer Gregory/Shutterstock, **Mar**: Vishnevetskiy/Shutterstock, **Bola**: Stepan Bormotov/Shutterstock, **Guarda-sol**: Elena Rudakova/Shutterstock, **Bolsa**: Venus Angel/Shutterstock, **Balde de areia**: photka/Shutterstock, **Caranguejo**: PetlinDmitry/Shutterstock, **Céu**: Magenta10/Shutterstock;

UNIDADE 3: **Cobra**: Veronika Surovtseva/Shutterstock, **Folhas**: Oleksandr Kostiuchenko/Shutterstock, **Céu**: Magenta10/Shutterstock, **Folhas**: Guliveris/Shutterstock, **Tatu**: Andrea Izzotti/Shutterstock, **Árvore**: Jan Martin Will/Shutterstock, **Jabuticabas**: Vanessa Rung/Shutterstock, **Folhas**: CoffeeChocolates/Shutterstock, **Folhas**: CoffeeChocolates/Shutterstock, **Jaguatirica**: elitravo/Shutterstock, **Ambiente**: leungchopan/Shutterstock;

UNIDADE 4: **Salada**: stockcreations/Shutterstock, **Suco**: Pixel-Shot/Shutterstock, **Prato de comida**: ArtCookStudio/Shutterstock, **Objetos no banheiro**: New Africa/Shutterstock, **Objetos na cozinha**: Photographee.eu/Shutterstock, **Planta**: sakdam/Shutterstock, **Planta**: Pattarakul/Shutterstock, **Geladeira**: Customdesigner/Shutterstock, **Frutas**: Africa Studio/Shutterstock.

APRESENTAÇÃO

QUERIDO ALUNO

PREPARAMOS ESTE LIVRO ESPECIALMENTE PARA QUEM GOSTA DE ESTUDAR, APRENDER E SE DIVERTIR! ELE FOI PENSADO, COM MUITO CARINHO, PARA PROPORCIONAR A VOCÊ UMA APRENDIZAGEM QUE LHE SEJA ÚTIL POR TODA A VIDA!

EM TODAS AS UNIDADES, AS ATIVIDADES PROPOSTAS OFERECEM OPORTUNIDADES QUE CONTRIBUEM PARA SEU DESENVOLVIMENTO E PARA SUA FORMAÇÃO! ALÉM DISSO, SEU LIVRO ESTÁ MAIS INTERATIVO E PROMOVE DISCUSSÕES QUE VÃO AJUDÁ-LO A SOLUCIONAR PROBLEMAS E A CONVIVER MELHOR COM AS PESSOAS!

CONFIRA TUDO ISSO NO **CONHEÇA SEU LIVRO**, NAS PRÓXIMAS PÁGINAS!

SEJA CRIATIVO, APROVEITE O QUE JÁ SABE, FAÇA PERGUNTAS, OUÇA COM ATENÇÃO...

... E COLABORE PARA FAZER UM MUNDO MELHOR!

BONS ESTUDOS E UM FORTE ABRAÇO,

MARIA TERESA, MARIA ELISABETE,
VÍVIAN E ARMANDO

Ilustra Cartoon/Arquivo da editora

CONHEÇA SEU LIVRO

VEJA A SEGUIR COMO SEU LIVRO ESTÁ ORGANIZADO.

UNIDADE

SEU LIVRO ESTÁ ORGANIZADO EM QUATRO UNIDADES. AS ABERTURAS SÃO COMPOSTAS DOS SEGUINTES BOXES:

ENTRE NESTA RODA
VOCÊ E SEUS COLEGAS TERÃO A OPORTUNIDADE DE CONVERSAR SOBRE A IMAGEM APRESENTADA E A RESPEITO DO QUE JÁ SABEM SOBRE O TEMA DA UNIDADE.

NESTA UNIDADE VAMOS ESTUDAR...
VOCÊ VAI ENCONTRAR UMA LISTA DOS CONTEÚDOS QUE SERÃO ESTUDADOS NA UNIDADE.

VOCÊ EM AÇÃO

VOCÊ ENCONTRARÁ ESTA SEÇÃO EM TODAS AS DISCIPLINAS. EM **CIÊNCIAS**, HÁ ATIVIDADES PROCEDIMENTAIS, EXPERIÊNCIAS OU VIVÊNCIAS PARA VOCÊ APRENDER NA PRÁTICA O CONTEÚDO ESTUDADO.

O TEMA É...

COMUM A TODAS AS DISCIPLINAS, A SEÇÃO TRAZ UMA SELEÇÃO DE TEMAS PARA VOCÊ REFLETIR, DISCUTIR E APRENDER MAIS, PODENDO ATUAR NO SEU DIA A DIA COM MAIS CONSCIÊNCIA!

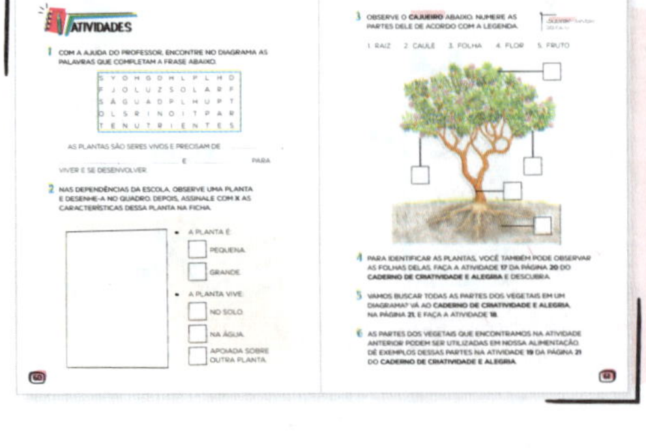

ATIVIDADES

MOMENTO DE VERIFICAR SE OS CONTEÚDOS FORAM COMPREENDIDOS POR MEIO DE ATIVIDADES DIVERSIFICADAS.

AMPLIANDO O VOCABULÁRIO

ALGUMAS PALAVRAS ESTÃO DESTACADAS NO TEXTO E O SIGNIFICADO DELAS APARECE SEMPRE NA MESMA PÁGINA. ASSIM, VOCÊ PODE AMPLIAR SEU VOCABULÁRIO.

SAIBA MAIS

BOXES COM CURIOSIDADES, REFORÇOS E DICAS SOBRE O CONTEÚDO ESTUDADO.

PÁGINA +

AO FINAL DO LIVRO, UMA PÁGINA COM MUITAS NOVIDADES QUE EXPLORAM O CONTEÚDO ESTUDADO AO LONGO DO ANO.

MATERIAL COMPLEMENTAR

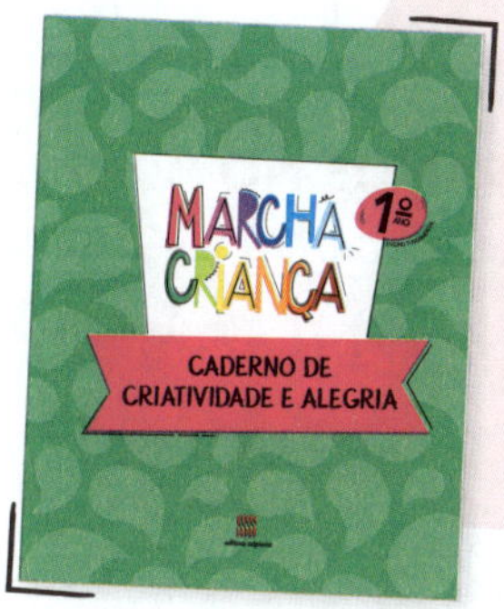

CADERNO DE CRIATIVIDADE E ALEGRIA

MATERIAL QUE EXPLORA OS CONTEÚDOS DE CIÊNCIAS DE FORMA CRIATIVA E DIVERTIDA!

MUNDO DA CIÊNCIA

UMA NOVA REVISTA RECHEADA DE CONTEÚDOS PARA VOCÊ EXPLORAR E APRENDER MAIS! ELABORADA EM PARCERIA COM O JORNAL *JOCA*.

QUANDO VOCÊ ENCONTRAR ESTES ÍCONES, FIQUE ATENTO!

NO CADERNO EM DUPLA EM GRUPO

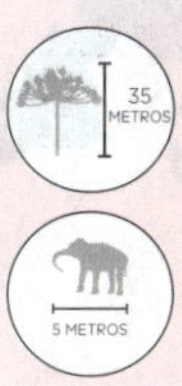

SEMPRE QUE POSSÍVEL, O TAMANHO APROXIMADO DE ALGUNS SERES VIVOS SERÁ INDICADO POR ESSES SÍMBOLOS. QUANDO A MEDIDA FOR APRESENTADA POR UMA BARRA VERTICAL, SIGNIFICA QUE ELA SE REFERE À ALTURA. QUANDO FOR REPRESENTADA POR UMA BARRA HORIZONTAL, SIGNIFICA QUE SE REFERE AO COMPRIMENTO.

SUMÁRIO

Ilustrações: Bruna Assis Brasil/Arquivo da editora

Ilustrações: Bruna Assis Brasil/Arquivo da editora

UNIDADE 1

CONHECENDO O CORPO HUMANO

ENTRE NESTA RODA

- OBSERVE ESTA CENA. AS CRIANÇAS PRATICAM ATIVIDADES FÍSICAS USANDO QUAIS PARTES DO CORPO?
- E QUANTO A VOCÊ, QUE PARTES DO CORPO VOCÊ USA PARA VER, CHEIRAR, OUVIR, TOCAR E FALAR?

NESTA UNIDADE VAMOS ESTUDAR...

- AS DIFERENÇAS E AS SEMELHANÇAS ENTRE AS PESSOAS
- O CORPO HUMANO
- OS CINCO SENTIDOS

Bruna de Assis Brasil/Arquivo da editora

1 CONHECENDO VOCÊ

NA ILUSTRAÇÃO ABAIXO, VEMOS ALGUMAS CRIANÇAS SAINDO DA ESCOLA. OBSERVE A IMAGEM E LEIA O TEXTO COM A AJUDA DO PROFESSOR.

Ilustra Cartoon/Arquivo da editora

LAURA É A MÃE DE BRUNA.

PEDRO É O PAI DE LUCAS E HELENA.

CÉSAR É O AVÔ DE GUSTAVO.

BRUNA SE PARECE COM A MÃE DELA.

LUCAS E HELENA SE PARECEM COM O PAI DELES.

GUSTAVO SE PARECE COM O AVÔ DELE.

VOCÊ JÁ OBSERVOU SE É PARECIDO COM SEUS PAIS, SEUS IRMÃOS OU OUTRO FAMILIAR?

HÁ SEMELHANÇAS E DIFERENÇAS NA **APARÊNCIA** DAS PESSOAS.

APARÊNCIA: AQUILO QUE SE OBSERVA NO EXTERIOR, AS CARACTERÍSTICAS FÍSICAS.

ATIVIDADES

1 VAMOS OBSERVAR AS SEMELHANÇAS E AS DIFERENÇAS ENTRE VOCÊ E UM COLEGA?

- PREENCHA A FICHA ABAIXO.

SEU NOME: ....

SUA IDADE: .... ANOS

DESENHE VOCÊ NO QUADRO ABAIXO.

2 COMPARE SUA FICHA COM A DE UM COLEGA.

3 QUAIS CARACTERÍSTICAS FÍSICAS SÃO DIFERENTES ENTRE VOCÊ E SEU COLEGA? CONTE O QUE VOCÊ DESCOBRIU AOS DEMAIS COLEGAS E AO PROFESSOR.

4 SERÁ QUE EXISTE ALGUÉM PARECIDO COM VOCÊ? FAÇA A ATIVIDADE **1** DA PÁGINA **3** DO **CADERNO DE CRIATIVIDADE E ALEGRIA** E DESCUBRA.

5 COMO VOCÊ VIU, CADA PESSOA É DE UM JEITO. AS CARACTERÍSTICAS FÍSICAS VARIAM MUITO ENTRE AS PESSOAS. NÃO EXISTEM CARACTERÍSTICAS BOAS OU RUINS. AS DIFERENÇAS TORNAM CADA PESSOA ÚNICA. OBSERVE A IMAGEM.

Ilustra Cartoon/Arquivo da editora

- O QUE É DIFERENTE NAS CRIANÇAS MOSTRADAS NA CENA? CONTE AOS COLEGAS E AO PROFESSOR.

6 NOSSAS DIFERENÇAS NOS TORNAM ÚNICOS, COMO VIMOS ANTERIORMENTE. VÁ AO **CADERNO DE CRIATIVIDADE E ALEGRIA,** FAÇA A ATIVIDADE **2** DA PÁGINA **4** E DIVIRTA-SE!

2 CONHECENDO NOSSO CORPO E CUIDANDO DELE

VOCÊ JÁ PAROU PARA PENSAR EM QUANTA COISA PODEMOS FAZER COM NOSSO CORPO?

NOSSO CORPO É COMPOSTO POR PARTES, COMO: CABEÇA, PESCOÇO, TRONCO E MEMBROS. O TRONCO É A PARTE MAIOR E DELE SAEM OS MEMBROS: PERNAS, BRAÇOS, MÃOS E PÉS.

COM OS COLEGAS E O PROFESSOR, INVENTE UMA MELODIA PARA OS VERSOS A SEGUIR. DEPOIS, CANTEM E DANCEM JUNTOS.

Africa Studio/Shutterstock

Rawpixel.com/Shutterstock

CABEÇA, PESCOÇO,
TRONCO, MEMBROS.
O CORPO TODO É MOVIMENTO.

OLHANDO PRA CIMA,
LEVANTO OS BRAÇOS.
DEPOIS ABAIXO
E DOU UM ABRAÇO!

OLHANDO PRA BAIXO,
AVISTO OS MEUS PÉS.
MEXO E REMEXO
CONTANDO ATÉ DEZ!

TEXTO ELABORADO PELOS AUTORES ESPECIALMENTE PARA ESTA OBRA.

Chirtsova Natalia/Shutterstock

ATIVIDADES

1 VOCÊ CONHECE O SEU CORPO? SABE COMO SE CHAMA CADA PARTE DELE?

LIGUE OS NOMES À PARTE CORRESPONDENTE DO CORPO DO MENINO.

TRONCO | JOELHO | BRAÇO | CABEÇA | MÃO

OMBRO | PERNA | PÉ | TORNOZELO

makalex69/Shutterstock

2 QUAL É A SUA BRINCADEIRA FAVORITA? ELA ENVOLVE ATIVIDADE FÍSICA? CONTE AOS COLEGAS E AO PROFESSOR.

3 VOCÊ PRATICA ATIVIDADES FÍSICAS FORA DA ESCOLA? EM CASO AFIRMATIVO, FALE PARA OS COLEGAS O NOME DESSAS ATIVIDADES E ONDE VOCÊ AS PRATICA.

4 PARA IDENTIFICAR AS PARTES DO CORPO HUMANO, VÁ AO **CADERNO DE CRIATIVIDADE E ALEGRIA** E MONTE O BONECO DA ATIVIDADE **3** DA PÁGINA **7**.

3 OS SENTIDOS E O MUNDO EM QUE VIVEMOS

COM O PROFESSOR, LEIA A TIRINHA A SEGUIR.

ARMANDINHO CINCO. 1. ED. FLORIANÓPOLIS, 2015. P. 30.

- VOCÊ CONCORDA COM O QUE ARMANDINHO DISSE PARA ANA?

PERCEBEMOS TUDO O QUE ESTÁ AO NOSSO REDOR POR MEIO DOS **ÓRGÃOS DOS SENTIDOS**.

VEJA O NOME DE CADA ÓRGÃO DO SENTIDO E SUA LOCALIZAÇÃO NO CORPO DO MENINO.

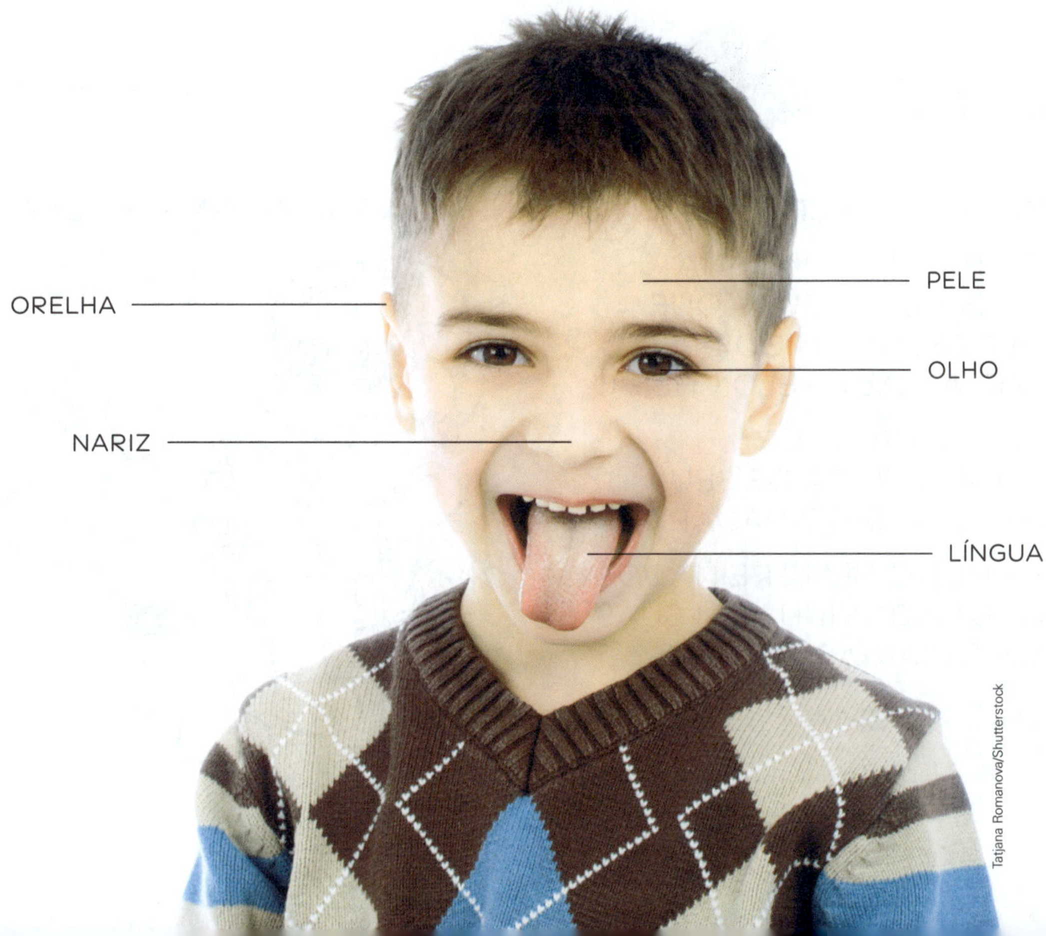

O NARIZ, A LÍNGUA, OS OLHOS, A PELE E AS ORELHAS ENVIAM MENSAGENS AO CÉREBRO, INFORMANDO COMO É O AMBIENTE AO NOSSO REDOR.

EXPLORE A PÁGINA + E DIVIRTA-SE!

Menina: Sergei Kolesnikov/Shutterstock/ Cérebro: Sebastian Kaulitzki/ Shutterstock

SAIBA MAIS +

VOCÊ CONHECE A PERSONAGEM DORINHA DA TURMA DA MÔNICA?

DORINHA É UMA MENINA COM DEFICIÊNCIA VISUAL QUE RECONHECE SEUS AMIGOS PELO TOQUE, PELA VOZ E PELO CHEIRO.

QUASE SEMPRE ELA ESTÁ ACOMPANHADA DE SEU CÃO-GUIA, CHAMADO RADAR.

ELE É MUITO BEM TREINADO PARA AJUDAR DORINHA EM SUAS ATIVIDADES DIÁRIAS.

Mauricio de Sousa/Mauricio de Sousa Editora Ltda.

O OLFATO

QUE ÓRGÃO DOS SENTIDOS A MENINA DA ILUSTRAÇÃO ABAIXO UTILIZOU PARA SENTIR O CHEIRO DA MEXERICA?

Ilustra Cartoon/Arquivo da editora

O NARIZ É O ÓRGÃO DO SENTIDO DO OLFATO. POR MEIO DO OLFATO, É POSSÍVEL IDENTIFICAR **ODORES** DO AMBIENTE.

ODORES: CHEIROS.

COM O OLFATO PODEMOS PERCEBER CHEIROS BONS, COMO O DO PÃO SAINDO DO FORNO, E RUINS, COMO O DE UM RIO POLUÍDO. TAMBÉM CONSEGUIMOS SABER QUE ALGO ERRADO ESTÁ ACONTECENDO, COMO O VAZAMENTO DE GÁS DE COZINHA OU A COMIDA QUEIMANDO NO FOGO.

SAIBA MAIS +

POR QUE NÃO SENTIMOS O SABOR DOS ALIMENTOS QUANDO ESTAMOS RESFRIADOS?

PARA SENTIR O SABOR DOS ALIMENTOS, PRECISAMOS SENTIR O CHEIRO DELES.

QUANDO ESTAMOS RESFRIADOS, O AUMENTO DO MUCO NASAL PREJUDICA NOSSO OLFATO.

ASSIM, SEM SENTIR O CHEIRO DOS ALIMENTOS, TAMBÉM NÃO SENTIMOS O SABOR DELES.

ATIVIDADES

1 ASSINALE COM UM **X** A CENA EM QUE, COM O SENTIDO DO OLFATO, PODEMOS IDENTIFICAR QUE ALGO ERRADO ACONTECEU.

sergemi/Shutterstock

Daria Grebenchuk/Shutterstock

- EXPLIQUE PARA OS COLEGAS E PARA O PROFESSOR O QUE VOCÊ ENTENDEU DE CADA CENA ACIMA.

2 SENTIMOS MUITOS CHEIROS DIFERENTES DURANTE O DIA. ORGANIZE, COM O PROFESSOR E OS COLEGAS, UMA LISTA COM ALGUNS CHEIROS QUE VOCÊ COSTUMA PERCEBER EM CASA E NA ESCOLA.

EM CASA	NA ESCOLA

3 ESCOLHA UM ODOR QUE O AGRADE E FAÇA A ATIVIDADE **4** DO **CADERNO DE CRIATIVIDADE E ALEGRIA**, NA PÁGINA **9**.

A GUSTAÇÃO

SENTIMOS O GOSTO DOS ALIMENTOS POR MEIO DA LÍNGUA, QUE FICA NA BOCA.

Ilustrações: Ilustra Cartoon/Arquivo da editora

A LÍNGUA É O ÓRGÃO DO SENTIDO DA GUSTAÇÃO.

SAIBA MAIS

A LÍNGUA

Gelpi/Shutterstock

VOCÊ REPAROU QUE A PONTA, OS LADOS E O FUNDO DA LÍNGUA TÊM PEQUENOS "MONTINHOS"?

DO LADO DELES TEM UNS BURAQUINHOS, E DENTRO DOS BURAQUINHOS ESTÃO AS PAPILAS GUSTATIVAS.

AS PAPILAS GUSTATIVAS É QUE FAZEM VOCÊ SENTIR O GOSTO DO QUE VOCÊ COME. CADA PARTE DA LÍNGUA SENTE UM GOSTO DIFERENTE.

COMER, DE RUTH ROCHA E ANNA FLORA. SÃO PAULO: MODERNA, 2017. P. 10-11. (COLEÇÃO 5 SENTIDOS).

ATIVIDADES

1 OBSERVE AS CENAS A SEGUIR.

Ilustrações: Ilustra Cartoon/Arquivo da editora

- AGORA, RESPONDA:

A) NA PRIMEIRA CENA, A MENINA SENTIU O

.... DO ALIMENTO.

B) NA SEGUNDA CENA, A MENINA SENTIU O

.... DO ALIMENTO.

C) QUE SENTIDOS PERMITIRAM QUE A MENINA PERCEBESSE QUE O ALIMENTO É SABOROSO? ....

....

2 PINTE OS QUADRINHOS DE ACORDO COM A LEGENDA.

ELEMENTOS NÃO PROPORCIONAIS ENTRE SI.

DOCE | SALGADO | AMARGO | AZEDO

Alessio Cola/Shutterstock

MEL

Valentyn Volkov/Shutterstock

CAFÉ (SEM AÇÚCAR)

Nattika/Shutterstock

LIMÃO

diogoppr/Shutterstock

ARROZ, FEIJÃO, SALADA E CARNE

A VISÃO

OBSERVE A ILUSTRAÇÃO ABAIXO. QUE CORES VOCÊ OBSERVA NELA?

Ilustra Cartoon/Arquivo da editora

A MENINA DA IMAGEM ESTÁ ADMIRANDO UMA AVE BEM COLORIDA.

É GRAÇAS À VISÃO QUE PODEMOS NOTAR AS CORES, OS FORMATOS E AS TEXTURAS DOS OBJETOS AO NOSSO REDOR.

OS OLHOS SÃO OS ÓRGÃOS DO SENTIDO DA VISÃO.

SAIBA MAIS

OS OLHOS

NOSSOS OLHOS SÃO ÓRGÃOS MUITO SENSÍVEIS E QUE PRECISAM DE PROTEÇÃO. VEJA NA FOTO AO LADO AS PARTES DO ROSTO QUE PROTEGEM OS OLHOS.

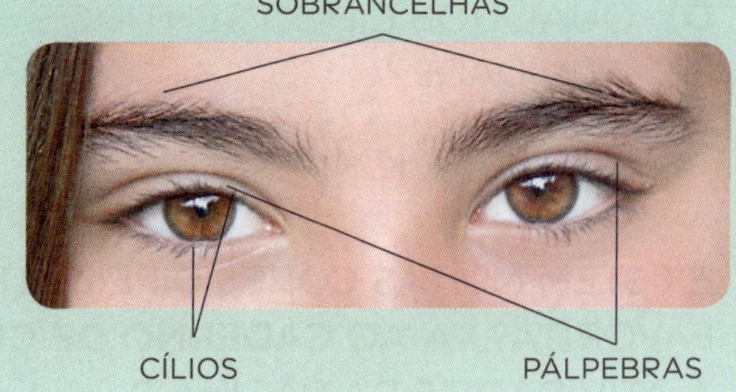

Cappi Thompson/Shutterstock

ATIVIDADES

1 OBSERVE A IMAGEM A SEGUIR.

Ilustra Cartoon/Arquivo da editora

A) QUANTOS PEIXES HÁ NO AQUÁRIO? ESCREVA O NÚMERO ABAIXO.

....

B) QUE CORES DE PEIXES VOCÊ CONSEGUE PERCEBER?

C) CONTORNE ABAIXO O ÓRGÃO DO SENTIDO QUE O AJUDOU A ENCONTRAR AS RESPOSTAS DAS ATIVIDADES ACIMA.

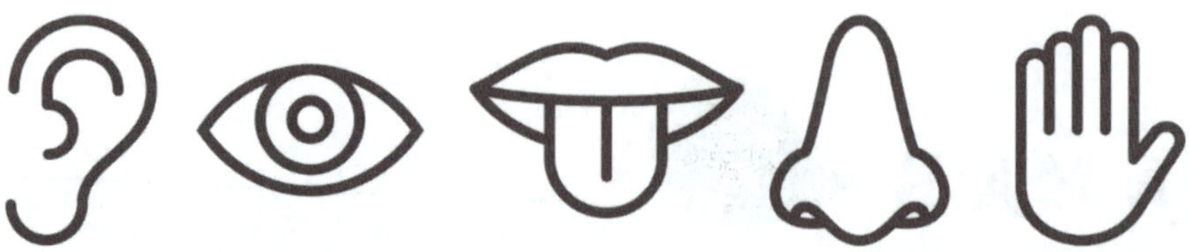

Kengi/Shutterstock

D) QUAL DOS CINCO SENTIDOS VOCÊ USOU PARA FAZER ESTA ATIVIDADE?

....

2 EXISTEM MUITAS CORES DIFERENTES. QUAL É A SUA COR FAVORITA? VÁ AO **CADERNO DE CRIATIVIDADE E ALEGRIA** E FAÇA A ATIVIDADE **5** DA PÁGINA **9**.

VOCÊ EM AÇÃO

DUAS CORES FORMAM UMA

VAMOS MISTURAR DUAS CORES COM LÁPIS DE COR E VER O QUE ACONTECE?

VOCÊ VAI PRECISAR DE:

- 1 (UM) LÁPIS DE COR AMARELO
- 1 (UM) LÁPIS DE COR VERMELHO
- 1 (UM) LÁPIS PRETO
- 1 (UMA) LUPA

Ilustra Cartoon/Arquivo da editora

COMO FAZER

1 NO QUADRO ABAIXO, FAÇA O CONTORNO DO SOL COM O LÁPIS PRETO.

2 PINTE O SOL DE AMARELO. NÃO PRESSIONE MUITO O LÁPIS NA FOLHA. SOBRE A COR AMARELA, PINTE NOVAMENTE, AGORA COM UM LÁPIS VERMELHO. NÃO PRESSIONE MUITO O LÁPIS NA FOLHA.

3 OBSERVE DE QUE COR O SOL FICOU. DEPOIS VEJA A MESMA IMAGEM COM A LUPA, AMPLIANDO-A.

OBSERVAÇÃO E CONCLUSÃO

- QUE CORES VOCÊ ENXERGA USANDO A LUPA? E SEM ELA? POR QUE VOCÊ ACHA QUE ISSO ACONTECE? CONVERSE COM OS COLEGAS E O PROFESSOR.

O TATO

O TATO É O SENTIDO QUE USAMOS PARA PERCEBER O QUE ESTAMOS TOCANDO.

É POR MEIO DA PELE E DO SENTIDO DO TATO QUE PODEMOS PERCEBER O QUE É QUENTE OU FRIO.

iStockphoto/Getty Images

A PELE É O ÓRGÃO DO SENTIDO DO TATO. ELA REVESTE TODO O NOSSO CORPO.

TAMBÉM PODEMOS PERCEBER SE O QUE TOCAMOS É ÁSPERO OU LISO, DURO OU MACIO.

BMF-foto.de/Shutterstock

Ilustra Cartoon/Arquivo da editora

Sergiy Bykhunenko/Shutterstock

ATIVIDADES

1 CONTE AOS COLEGAS O QUE VOCÊ SENTE QUANDO ANDA DESCALÇO. DEPOIS, ESCREVA NO QUADRO ABAIXO ALGUMAS PALAVRAS QUE DESCREVAM A SENSAÇÃO DE ANDAR DESCALÇO NA AREIA DA PRAIA, NAS PEDRINHAS DE UM RIACHO, NA GRAMA RECÉM-APARADA E NO CIMENTO EM UM DIA QUENTE.

AREIA DA PRAIA	GRAMA RECÉM-APARADA
PEDRINHAS DE UM RIACHO	CIMENTO EM UM DIA QUENTE

2 OBSERVE AS FIGURAS A SEGUIR E ESCREVA NOS BALÕES O QUE VOCÊ IMAGINA QUE AS CRIANÇAS ESTÃO FALANDO.

Ilustrações: Ilustra Cartoon/Arquivo da editora

3 QUAL É O ÓRGÃO RESPONSÁVEL POR SENTIRMOS O TATO? FAÇA A ATIVIDADE **6** DA PÁGINA **10** DO **CADERNO DE CRIATIVIDADE E ALEGRIA** E RESPONDA A ESSA PERGUNTA.

A AUDIÇÃO

VOCÊ JÁ PRESTOU ATENÇÃO NOS SONS AO SEU REDOR?

OBSERVE A IMAGEM ABAIXO.

Ilustra Cartoon/Arquivo da editora

COM OS COLEGAS, VISITE UM LUGAR DA ESCOLA E, DEPOIS, CONVERSEM SOBRE OS SONS QUE VOCÊS OUVIRAM NESSE LUGAR.

COMPLETE:

- NOME DO LUGAR VISITADO

....

- SONS DO LUGAR VISITADO

....

....

....

....

OS SONS FAZEM PARTE DE NOSSA VIDA DE MUITAS MANEIRAS. A AUDIÇÃO É O SENTIDO POR MEIO DO QUAL PERCEBEMOS OS SONS. OS ÓRGÃOS DO SENTIDO DA AUDIÇÃO SÃO AS ORELHAS.

ATIVIDADES

1 VOCÊ JÁ REPAROU QUANTOS SONS DIFERENTES HÁ AO NOSSO REDOR? FAÇA LEGENDAS QUE REPRESENTEM OS SONS DAS IMAGENS ABAIXO.

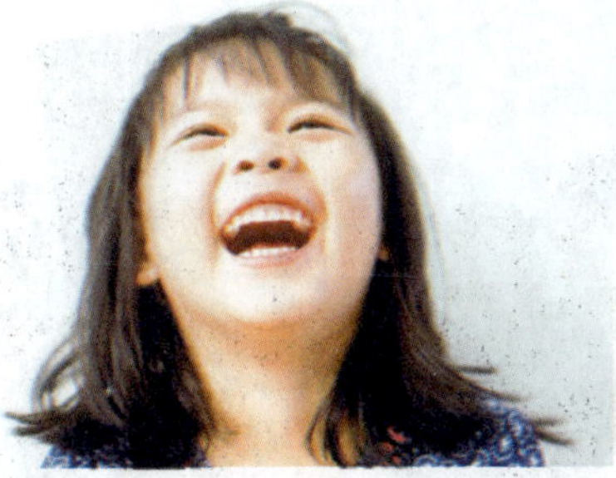
MIA Studio/Shutterstock

Steve Byland/Shutterstock

....

....

2 OBSERVE AS IMAGENS A SEGUIR E PINTE OS QUADRINHOS DE ACORDO COM A LEGENDA.

Ilustrações: Ilustra Cartoon/Arquivo da editora

ACHO QUE O LUGAR DEVE SER SILENCIOSO.

ACHO QUE O LUGAR DEVE SER BARULHENTO.

- EXPLIQUE AOS COLEGAS E AO PROFESSOR A SUA RESPOSTA.

3 VAMOS IDENTIFICAR DIFERENTES SONS DO AMBIENTE? PARA ISSO, FAÇA A ATIVIDADE **7** DA PÁGINA **10** DO **CADERNO DE CRIATIVIDADE E ALEGRIA**.

O TEMA É...

DIFERENÇAS EXISTEM!

VOCÊ SABE COMO SÃO AS SALAS DE AULA PELO MUNDO? OBSERVE ALGUNS EXEMPLOS.

The Yomiuri Shimbun/Agência France-Presse

SALA DE AULA NO JAPÃO.

BSIP SA/Alamy/Fotoarena

SALA DE AULA NA ÁFRICA DO SUL.

BSIP SA/Alamy/Fotoarena

SALA DE AULA NA ÍNDIA.

Veran36/Shutterstock

SALA DE AULA NA RÚSSIA.

AGORA, RESPONDA:

- ELAS SÃO SEMELHANTES ENTRE SI? E OS ESTUDANTES, TÊM SEMELHANÇAS?
- QUAIS SÃO AS DIFERENÇAS ENTRE AS SALAS DE AULA E OS ALUNOS DE DIFERENTES PAÍSES?

AGORA É A SUA VEZ. FAÇA UM DESENHO DE SUA SALA DE AULA. TENTE REPRESENTAR TAMBÉM SEUS COLEGAS E O QUE FAZEM NO DIA A DIA.

1 COMPARE SUA SALA DE AULA COM AS SALAS DE AULA DAS FOTOGRAFIAS DA PÁGINA ANTERIOR E RESPONDA:

A) EXISTEM SEMELHANÇAS E DIFERENÇAS ENTRE A SALA DE AULA EM QUE VOCÊ ESTUDA E AS SALAS DE AULA DE OUTROS PAÍSES?

B) O QUE EXISTE NA SUA SALA DE AULA QUE SÓ PODE SER ENCONTRADO AQUI NO BRASIL?

2 PRODUZAM UM CARTAZ COM COLAGENS PARA RETRATAR ELEMENTOS DA CULTURA BRASILEIRA.

VOCÊ EM AÇÃO

CONHECENDO O CORPO

VAMOS IDENTIFICAR AS PARTES QUE COMPÕEM O CORPO HUMANO?

VOCÊ VAI PRECISAR DE:

- 1 (UMA) CAIXA DE LÁPIS DE COR
- 1 (UMA) FOLHA GRANDE DE PAPEL PARDO
- 1 (UMA) CANETA HIDROCOR PRETA

COMO FAZER

1. O PROFESSOR VAI DIVIDIR A CLASSE EM GRUPOS.

2. CADA GRUPO VAI RECEBER UMA FOLHA GRANDE DE PAPEL PARDO.

3. ESCOLHAM UM INTEGRANTE DO GRUPO PARA DEITAR-SE SOBRE O PAPEL PARDO.

4. O RESTANTE DO GRUPO DEVERÁ DESENHAR O CONTORNO DO CORPO DO COLEGA COM A CANETA.

Fernando Favoretto/Criar Imagem

OBSERVAÇÃO E CONCLUSÃO

OBSERVE AS CARACTERÍSTICAS FÍSICAS DO COLEGA QUE FOI CONTORNADO E PREENCHA O QUADRO ABAIXO.

NOME DO COLEGA:	
☐ MENINO	☐ MENINA
☐ BAIXO(A)	☐ ALTO(A)
☐ CABELO LISO	☐ CABELO CRESPO
☐ CABELO CURTO	☐ CABELO COMPRIDO
☐ OLHOS CLAROS	☐ OLHOS ESCUROS
☐ NARIZ LARGO	☐ NARIZ FINO
☐ LÁBIOS FINOS	☐ LÁBIOS GROSSOS

- AGORA, TODOS JUNTOS, COMPLETEM O DESENHO COM AS CARACTERÍSTICAS ASSINALADAS ACIMA. DEPOIS, PINTEM O DESENHO.
- COMPAREM OS DESENHOS DA TURMA E RESPONDAM:

OS DESENHOS FICARAM IGUAIS OU DIFERENTES? POR QUE VOCÊ ACHA QUE ISSO ACONTECEU? CONVERSE COM O PROFESSOR E COM OS COLEGAS.

UNIDADE 2

O MEIO AMBIENTE

ENTRE NESTA RODA

- O QUE VEMOS NESTA IMAGEM?
- O AMBIENTE DA IMAGEM PARECE COM O LUGAR ONDE VOCÊ VIVE? O QUE HÁ DE SEMELHANTE? E DE DIFERENTE?
- NESTE AMBIENTE É DIA OU NOITE?
- COMO ESTARIA ESTE AMBIENTE SE FOSSE NOITE?

NESTA UNIDADE VAMOS ESTUDAR...

- O AMBIENTE AO NOSSO REDOR
- O AMBIENTE NATURAL E O AMBIENTE MODIFICADO
- A NATUREZA E SEUS RECURSOS
- MATERIAIS E OBJETOS QUE USAMOS NO DIA A DIA
- O DIA E A NOITE

Bruna Assis Brasil/Arquivo da editora

4 O AMBIENTE AO NOSSO REDOR

OBSERVE A IMAGEM ABAIXO. QUE ELEMENTOS VOCÊ CONSEGUE IDENTIFICAR NELA?

Ilustra Cartoon/Arquivo da editora

EXISTEM MUITOS ELEMENTOS NO AMBIENTE AO NOSSO REDOR: AR, ÁGUA DOS MARES E DOS RIOS, SOLO, PLANTAS E ANIMAIS.

OS ANIMAIS (INCLUINDO AS PESSOAS) E AS PLANTAS SÃO SERES VIVOS. JÁ O AR, A ÁGUA E O SOLO SÃO ELEMENTOS NÃO VIVOS DO AMBIENTE.

TUDO O QUE ESTÁ AO NOSSO REDOR FORMA UM CONJUNTO QUE CHAMAMOS DE **AMBIENTE**.

ATIVIDADES

1 ENQUANTO MATEUS CAMINHA DE SUA CASA ATÉ A ESCOLA, ELE REPARA NOS ELEMENTOS DO AMBIENTE QUE VÊ PELO CAMINHO.

OBSERVE ABAIXO A IMAGEM DO CAMINHO DE MATEUS. DEPOIS, PINTE-A CONFORME AS CORES INDICADAS NA LEGENDA.

SERES VIVOS   ELEMENTOS NÃO VIVOS

Ilustra Cartoon/Arquivo da editora

2 VAMOS USAR A IMAGINAÇÃO? FAÇA A ATIVIDADE **8** DA PÁGINA **11** DO **CADERNO DE CRIATIVIDADE E ALEGRIA** E CRIE UM AMBIENTE COM SERES VIVOS E ELEMENTOS NÃO VIVOS. MÃOS À OBRA!

AMBIENTE NATURAL E AMBIENTE MODIFICADO

OS AMBIENTES PODEM SER DIVIDIDOS EM: AMBIENTE NATURAL E AMBIENTE MODIFICADO.

OBSERVE AS IMAGENS A SEGUIR. ELAS MOSTRAM UM EXEMPLO DE CADA TIPO DE AMBIENTE.

Ilustrações: José Rodrigues/Arquivo da editora

A FLORESTA É UM AMBIENTE NATURAL.

O CAMPO AGROPECUÁRIO É UM AMBIENTE MODIFICADO PELO SER HUMANO.

O SER HUMANO MODIFICA O AMBIENTE NATURAL PARA ATENDER ÀS NECESSIDADES DE MORADIA, ALIMENTAÇÃO E PRODUÇÃO DE OBJETOS.

ATIVIDADES

1 IDENTIFIQUE OS AMBIENTES DAS IMAGENS E ESCREVA NOS QUADRINHOS A LETRA **N** PARA OS AMBIENTES NATURAIS E A LETRA **M** PARA OS AMBIENTES MODIFICADOS PELO SER HUMANO.

STILLFX/Shutterstock/Glow Images

STILLFX/Shutterstock

Ines Sacramento/Shutterstock

vitormarigo/Shutterstock

2 DESENHE NO QUADRO ABAIXO COMO É O AMBIENTE ONDE VOCÊ MORA.

- O AMBIENTE ONDE VOCÊ MORA É NATURAL OU MODIFICADO? EXPLIQUE SUA RESPOSTA AO PROFESSOR E AOS COLEGAS.

EXPLORANDO O AMBIENTE

O PROFESSOR LEVARÁ VOCÊ E SUA TURMA PARA CONHECER MELHOR O AMBIENTE EM TORNO DA ESCOLA E OBSERVAR SEUS COMPONENTES.

VOCÊ VAI PRECISAR DE:

- 1 (UM) LÁPIS PRETO
- 1 (UM) CADERNO OU BLOCO DE ANOTAÇÕES

COMO FAZER

1 COM OS COLEGAS, ELABORE UM ROTEIRO DO QUE OBSERVAR NO AMBIENTE. VEJA A SEGUIR UMA SUGESTÃO.

Ilustra Cartoon/Arquivo da editora

- O AMBIENTE É NATURAL OU FOI MODIFICADO PELO SER HUMANO?
- QUAIS ELEMENTOS NATURAIS NÃO VIVOS VOCÊ CONSEGUE IDENTIFICAR? DE QUE FORMA VOCÊ PERCEBE A PRESENÇA DELES?

- VOCÊ VÊ ALGUM COMPONENTE DO AMBIENTE CONSTRUÍDO PELO SER HUMANO? QUAL(IS)?
- VOCÊ CONSEGUE VER OU ESCUTAR ALGUM ANIMAL? QUAL(IS)?
- VOCÊ NOTOU A PRESENÇA DE PLANTAS? COMO ELAS SÃO: GRANDES OU PEQUENAS?

2 EM GRUPOS, FAÇAM UM REGISTRO DE TUDO AQUILO QUE VOCÊS OBSERVARAM DO AMBIENTE AO REDOR DA ESCOLA. ESCOLHAM UMA MANEIRA PARA REPRESENTAR O QUE DESCOBRIRAM: PODE SER UM DESENHO, UM TEXTO, UMA HISTÓRIA EM QUADRINHOS, UMA MÚSICA OU UMA MAQUETE.

3 DEPOIS, APRESENTE SUA PRODUÇÃO AOS DEMAIS GRUPOS E AO PROFESSOR.

Ilustra Cartoon/Arquivo da editora

O TEMA É...

EDUCAÇÃO PARA O TRÂNSITO

PARA DESLOCAR-SE DENTRO DE UM AMBIENTE MODIFICADO PELO SER HUMANO, COMO UMA CIDADE, É PRECISO CONHECER AS REGRAS DE CONVIVÊNCIA E OS CUIDADOS PARA EVITAR RISCOS NO TRÂNSITO.

SINAL DE TRÂNSITO LUMINOSO PARA PEDESTRES

- PERIGO AO ATRAVESSAR A RUA.
- É SEGURO FAZER A TRAVESSIA.

O USO DO CINTO DE SEGURANÇA NO CARRO É OBRIGATÓRIO

O USO DE BEBÊ-CONFORTO, CADEIRINHA INFANTIL E ASSENTO DE ELEVAÇÃO É OBRIGATÓRIO NO TRANSPORTE DE CRIANÇAS.

TODOS DEVEM RESPEITAR AS VAGAS ESPECIAIS DE ESTACIONAMENTO PARA IDOSOS, GESTANTES E DEFICIENTES FÍSICOS.

CUIDADO COM A VELOCIDADE. É PRECISO RESPEITAR OS LIMITES DE VELOCIDADE PRESENTES NA SINALIZAÇÃO DE RUAS E ESTRADAS.

OBSERVE COM ATENÇÃO A CENA DO TRÂNSITO EM UMA CIDADE. AGORA, RESPONDA:

1 VOCÊ ACHA QUE AS REGRAS DE TRÂNSITO SÃO IMPORTANTES PARA A SEGURANÇA DAS PESSOAS QUE ANDAM NAS RUAS?

2 QUAIS SÃO AS ATITUDES QUE VOCÊ PODE ADOTAR PARA EVITAR OS RISCOS NO TRÂNSITO EM SEU DIA A DIA?

5 A NATUREZA E SEUS RECURSOS

RECURSOS NATURAIS SÃO ELEMENTOS DA NATUREZA EXPLORADOS PELO SER HUMANO.

OS VEGETAIS, OS ANIMAIS, O SOLO, A ÁGUA, O AR E A LUZ SOLAR SÃO EXEMPLOS DE RECURSOS NATURAIS.

UTILIZAMOS OS RECURSOS NATURAIS DE DIVERSAS MANEIRAS. CONHEÇA ALGUNS EXEMPLOS.

Ricardo Teles/Pulsar Imagens

A PESCA É A RETIRADA DE ANIMAIS QUE VIVEM NA ÁGUA PARA NOSSA ALIMENTAÇÃO.

aydngvn/Shutterstock

COM A MADEIRA EXTRAÍDA DAS ÁRVORES CONSTRUÍMOS OBJETOS, CASAS E EMBARCAÇÕES.

kaband/Shutterstock

DAS ROCHAS EXTRAÍMOS O MINÉRIO DE FERRO, QUE É UTILIZADO NA PRODUÇÃO DO AÇO.

OS RECURSOS NATURAIS SÃO MUITO IMPORTANTES PARA A VIDA, ENTRETANTO ELES DEVEM SER EXPLORADOS DE MANEIRA ADEQUADA PARA NÃO CAUSAR PROBLEMAS AMBIENTAIS E SOCIAIS.

ATIVIDADES

1 ENCONTRE NO DIAGRAMA ABAIXO EXEMPLOS DE RECURSOS NATURAIS.

José Rodrigues/Arquivo da editora

M	I	N	É	R	I	O	S	P	L	D
F	L	U	Z	D	O	S	O	L	M	F
A	O	P	O	A	D	P	A	R	U	S
O	L	S	R	I	N	O	I	T	P	O
V	E	G	E	T	A	I	S	V	G	L
A	N	I	M	A	I	S	E	S	U	O
Q	O	P	T	B	E	E	R	I	N	V
M	N	Á	G	U	A	Y	Z	J	L	T

2 VOCÊ ACHA QUE, AO EXPLORAR OS RECURSOS NATURAIS, OS SERES HUMANOS MODIFICAM O AMBIENTE? EXPLIQUE SUA RESPOSTA AO PROFESSOR E AOS COLEGAS.

3 COMO O SER HUMANO PODERIA MODIFICAR UM AMBIENTE? FAÇA A ATIVIDADE **13** DA PÁGINA **15** DO **CADERNO DE CRIATIVIDADE E ALEGRIA** E TENTE RESPONDER A ESSA QUESTÃO.

6 UM POUCO MAIS SOBRE OS RECURSOS NATURAIS

COMO JÁ VIMOS, RETIRAMOS DA NATUREZA VÁRIOS RECURSOS. AGORA, VAMOS CONHECER UM POUCO MELHOR ALGUNS DELES.

A ÁGUA

A ÁGUA RECOBRE A MAIOR PARTE DA SUPERFÍCIE DO PLANETA TERRA. ELA TAMBÉM COMPÕE O CORPO DOS SERES VIVOS.

SEM A ÁGUA NÃO EXISTIRIA VIDA NA TERRA.

NAS IMAGENS ABAIXO VEMOS ALGUNS EXEMPLOS DA IMPORTÂNCIA DA ÁGUA PARA OS SERES VIVOS.

500px/Getty Images

OS SERES VIVOS PRECISAM DE ÁGUA PARA VIVER.

Ermolaev Alexander/Shutterstock

A ÁGUA É IMPORTANTE NA HIGIENE CORPORAL.

Ernesto Reghran/Pulsar Imagens

NA ÁGUA DOS RIOS E DOS MARES AS EMBARCAÇÕES PODEM SER USADAS COMO MEIO DE TRANSPORTE.

Gerson Gerloff/Pulsar Imagens

A MAIOR PARTE DA ENERGIA ELÉTRICA DO BRASIL É GERADA A PARTIR DA FORÇA DAS ÁGUAS DOS RIOS.

ATIVIDADES

1 É MUITO IMPORTANTE BEBER ÁGUA PARA MANTER O CORPO SAUDÁVEL. ESCREVA A PRIMEIRA LETRA DE CADA FIGURA E DESCUBRA COMO SE CHAMA A ÁGUA PRÓPRIA PARA BEBER.

Ilustra Cartoon/Arquivo da editora

2 VOCÊ JÁ SABE QUE A ÁGUA É UM RECURSO ABUNDANTE NA NATUREZA. MAS, SE NÃO HOUVER CUIDADO NO USO, A ÁGUA PODE ACABAR. COMPLETE AS FRASES CONFORME O QUE CADA CRIANÇA ESTÁ FAZENDO. USE O BANCO DE PALAVRAS.

ELEMENTOS NÃO PROPORCIONAIS ENTRE SI.

ABERTA **ESCOVA** **FECHADA**

Ilustrações: Ilustra Cartoon/Arquivo da editora

RODRIGO .... OS DENTES

COM A TORNEIRA ....

TALITA .... OS DENTES

COM A TORNEIRA ....

- CONTORNE A IMAGEM DA CRIANÇA QUE ESTÁ EVITANDO O DESPERDÍCIO DE ÁGUA.

O AR

ASSIM COMO A ÁGUA, O AR É UM RECURSO MUITO IMPORTANTE PARA A VIDA DOS SERES VIVOS, COMO OS ANIMAIS E AS PLANTAS.

NÃO CONSEGUIMOS VER O AR, MAS PODEMOS PERCEBER A PRESENÇA DELE NO AMBIENTE.

Cebas/Shutterstock

O AR É USADO PARA ENCHER O PNEU DA BICICLETA.

I love photo/Shutterstock

O AR ENTRA NOS PULMÕES QUANDO INSPIRAMOS.

VENTO: É O AR EM MOVIMENTO.

Felix Mizioznikov/Shutterstock

SENTIMOS A PRESENÇA DO AR QUANDO ESTÁ VENTANDO.

Luis Salvatore/Pulsar Imagens

A FORÇA DO **VENTO** MOVIMENTA AS PÁS DO AEROGERADOR E PRODUZ ENERGIA ELÉTRICA.

ATIVIDADES

1 OBSERVE AS IMAGENS A SEGUIR.

ssuaphotos/Shutterstock

kavram/Shutterstock

- AGORA, ASSINALE AS FRASES VERDADEIRAS.

☐ NAS DUAS FOTOGRAFIAS, A QUALIDADE DO AR É A MESMA.

☐ NA FOTOGRAFIA 1, O AR PARECE ESTAR BASTANTE POLUÍDO.

☐ A FOTOGRAFIA 2 RETRATA UM AMBIENTE COM BOA QUALIDADE DO AR.

2 OS VEÍCULOS E AS FÁBRICAS LANÇAM GASES QUE POLUEM O AR, PROVOCANDO DOENÇAS RESPIRATÓRIAS E PREJUDICANDO A VIDA NO PLANETA. SABENDO DISSO, O QUE VOCÊ ACHA QUE PODE SER FEITO PARA MELHORAR ESSA SITUAÇÃO? CONVERSE SOBRE ISSO COM O PROFESSOR E OS COLEGAS.

3 ALGUNS ANIMAIS PASSAM PARTE DA VIDA NAS GRANDES ÁRVORES E EM CONTATO COM O AR. FAÇA A ATIVIDADE **10** DA PÁGINA **13** DO **CADERNO DE CRIATIVIDADE E ALEGRIA** E DESCUBRA UM DESSES ANIMAIS.

O SOLO

O SOLO É UM IMPORTANTE RECURSO NATURAL. É SOBRE ELE QUE CONSTRUÍMOS NOSSAS CASAS, CULTIVAMOS PLANTAS QUE SERVEM DE ALIMENTOS E CRIAMOS OUTROS ANIMAIS.

ELEMENTOS NÃO PROPORCIONAIS ENTRE SI.

Ilustra Cartoon/Arquivo da editora

AS RAÍZES DAS PLANTAS SE APOIAM NO SOLO, E AS MINHOCAS CONSTROEM TÚNEIS NELE AO SE MOVIMENTAR.

O AGRICULTOR CUIDA DO SOLO PARA PLANTAR. O SOLO SUSTENTA AS PLANTAS E ABRIGA MUITOS SERES VIVOS.

A LUZ DO SOL

O SOL É RESPONSÁVEL PELA ILUMINAÇÃO NATURAL E PELO AQUECIMENTO DA TERRA.

Serg64/Shutterstock

AS PLANTAS NECESSITAM DA LUZ DO SOL PARA CRESCER E SE DESENVOLVER.

Smileus/Shutterstock

AS PLACAS SOLARES, SOBRE O TELHADO, TRANSFORMAM A LUZ DO SOL EM ENERGIA ELÉTRICA, QUE PODE SER USADA PARA AQUECER A ÁGUA DO BANHO, POR EXEMPLO.

ATIVIDADES

1 COMPLETE AS FRASES ABAIXO. USE O BANCO DE PALAVRAS.

VikiVector/Shutterstock

Mitar Vidakovic/Shutterstock

ÁGUA **SOL** **AR**
SOLO **VEGETAIS**

Oleksandr Molotkovych/ Shutterstock

MH Art/Shutterstock

BlueRingMedia/Shutterstock

A) A LUZ DO .... É ESSENCIAL PARA A VIDA DAS PLANTAS.

B) MADEIRA, PAPEL E ALIMENTOS SÃO CONSEGUIDOS A PARTIR DOS ....

C) O .... ABRIGA VÁRIOS SERES VIVOS, COMO AS MINHOCAS.

D) A .... FAZ PARTE DA COMPOSIÇÃO DO CORPO DOS SERES VIVOS.

E) O .... É UM RECURSO NATURAL COMPOSTO DE DIFERENTES GASES.

2 AGORA QUE VOCÊ CONHECE UM POUCO OS RECURSOS NATURAIS, IDENTIFIQUE ALGUNS DELES NA ATIVIDADE **9** DA PÁGINA **12** DO **CADERNO DE CRIATIVIDADE E ALEGRIA**.

3 O SOLO É UM IMPORTANTE RECURSO NATURAL. FAÇA A ATIVIDADE **11** DA PÁGINA **13** DO **CADERNO DE CRIATIVIDADE E ALEGRIA** E DESCUBRA ALGUNS ANIMAIS QUE VIVEM NELE.

7 MATERIAIS QUE USAMOS NO DIA A DIA

OS MATERIAIS PODEM SER EXTRAÍDOS DA NATUREZA, COMO A LÃ E O BARRO, OU PRODUZIDOS PELO SER HUMANO, COMO O PLÁSTICO E O VIDRO.

OS MATERIAIS NATURAIS PODEM SER DE ORIGEM ANIMAL, VEGETAL OU MINERAL.

ELEMENTOS NÃO PROPORCIONAIS ENTRE SI.

ORIGEM ANIMAL	ORIGEM VEGETAL	ORIGEM MINERAL
 Karkas/Shutterstock	 Steve Collender/ Shutterstock	 pardon06/Shutterstock
BLUSA DE LÃ	BRINQUEDO DE MADEIRA	TIJOLOS DE BARRO

EMPREGAMOS OS MATERIAIS NA FABRICAÇÃO DE OBJETOS DE ACORDO COM AS CARACTERÍSTICAS DE CADA UM DELES.

 ILYA AKINSHIN/Shutterstock	 Kitch Bain/Shutterstock	VanoVasaio/Shutterstock 
A COLHER É FEITA DE METAL, QUE É RESISTENTE.	A TOALHA DE BANHO É FEITA DE TECIDO DE ALGODÃO, QUE É MACIO E ABSORVENTE.	O VIDRO NAS JANELAS PERMITE A PASSAGEM DE LUZ. ELE É TRANSPARENTE.

ATIVIDADES

1 ESCOLHA UM OBJETO DA SALA DE AULA E DESENHE-O NO QUADRO ABAIXO.

A) O OBJETO QUE VOCÊ DESENHOU É FORMADO POR QUAL(IS) MATERIAL(IS)? COMPARTILHE SUA RESPOSTA COM O PROFESSOR E OS COLEGAS.

B) O OBJETO ESCOLHIDO É COMPOSTO DE:

- [ ] MATERIAL EXTRAÍDO DA NATUREZA.
- [ ] MATERIAL PRODUZIDO PELO SER HUMANO.
- [ ] MATERIAL EXTRAÍDO DA NATUREZA E MATERIAL PRODUZIDO PELO SER HUMANO.

2 CONVERSE COM OS COLEGAS E O PROFESSOR E, JUNTOS, ELABOREM UM CARTAZ COM AS REGRAS DA TURMA PARA COMBATER O DESPERDÍCIO DE MATERIAIS NA ESCOLA.

3 VAMOS CONSTRUIR UM CARRINHO COM MATERIAIS QUE TEMOS EM CASA? FAÇA A ATIVIDADE **12** DA PÁGINA **14** DO **CADERNO DE CRIATIVIDADE E ALEGRIA**. MÃOS À OBRA!

VOCÊ EM AÇÃO

REUTILIZAR É AJUDAR A NATUREZA

VOCÊ SABIA QUE PODEMOS AJUDAR A NATUREZA, ECONOMIZAR RECURSOS NATURAIS E CONTRIBUIR PARA UM AMBIENTE MAIS SAUDÁVEL COM ATITUDES SIMPLES?

PARA EVITAR QUE NOVOS MATERIAIS SEJAM RETIRADOS DA NATUREZA, PODEMOS REUTILIZAR OS MATERIAIS QUE SERIAM DESCARTADOS.

ASSIM, AJUDAMOS A REDUZIR A QUANTIDADE DE LIXO E A DAR NOVA UTILIDADE PARA MATERIAIS E OBJETOS.

QUE TAL FAZER ANIMAIS DE BRINQUEDO UTILIZANDO MATERIAIS QUE SERIAM DESCARTADOS?

VOCÊ VAI PRECISAR DE:

- ROLO DE PAPEL HIGIÊNICO OU DE PAPEL TOALHA
- TINTAS GUACHE COLORIDAS
- CANETAS HIDROGRÁFICAS COLORIDAS
- TESOURA COM PONTAS ARREDONDADAS
- COLA

COMO FAZER

1. ESCOLHA UM ANIMAL QUE QUEIRA REPRESENTAR.
2. DOBRE OU RECORTE O ROLO DE PAPELÃO PARA DAR O FORMATO DESEJADO.
3. PINTE O ROLO COM TINTA DANDO AS CARACTERÍSTICAS DO ANIMAL ESCOLHIDO.

DEPOIS DE TERMINAR SEU BRINQUEDO, MOSTRE-O AOS COLEGAS E VEJA O QUE ELES CRIARAM.

Stefan Rotter/Shutterstock

OBSERVAÇÃO E CONCLUSÃO

- ALÉM DE ANIMAIS, QUE OUTROS BRINQUEDOS PODEM SER FEITOS USANDO ROLO DE PAPELÃO?
- QUE OUTRO MATERIAL PODEMOS REUTILIZAR E DAR UMA NOVA FUNÇÃO? COMPARTILHE SUA IDEIA COM O PROFESSOR E OS COLEGAS.
- NA ESCOLA OU NA CASA ONDE VOCÊ MORA HÁ ALGUM OBJETO QUE FOI FEITO COM MATERIAL REUTILIZADO? QUAL(IS)?

....

....

DOE OS BRINQUEDOS QUE NÃO USA MAIS PARA OUTRA CRIANÇA.

8 O DIA E A NOITE

DURANTE O DIA, QUANDO NÃO HÁ MUITAS NUVENS, PODEMOS VER O SOL NO CÉU. TUDO FICA ILUMINADO POR SUA LUZ, MUITOS ANIMAIS FICAM ATIVOS E ALGUMAS PESSOAS SAEM DE CASA PARA TRABALHAR OU IR À ESCOLA.

À NOITE, NÃO PODEMOS VER O SOL, ALGUNS ANIMAIS FICAM MAIS ATIVOS E A MAIORIA DAS PESSOAS DORME, MAS ALGUMAS TRABALHAM.

OBSERVE AS FOTOGRAFIAS DE UM PARQUE NA CIDADE DE SÃO PAULO.

Filipe Frazao/Shutterstock

PARQUE DO IBIRAPUERA DURANTE O DIA.

cheffersonamaro2/Shutterstock

PARQUE DO IBIRAPUERA DURANTE A NOITE.

O DIA PODE SER DIVIDIDO EM PERÍODOS: MANHÃ, TARDE E NOITE.

VOCÊ PREFERE O DIA OU A NOITE?

Ilustrações: Ilustra Cartoon/Arquivo da editora

ATIVIDADES

1 ESCREVA SE AS CENAS A SEGUIR ESTÃO OCORRENDO DURANTE O PERÍODO DO DIA OU DA NOITE.

Ilustrações: Ilustra Cartoon/Arquivo da editora

....

2 QUAIS ATIVIDADES VOCÊ FAZ DURANTE O DIA? E QUAIS FAZ À NOITE? CONVERSE COM OS COLEGAS E SAIBA A RESPOSTA DELES.

3 VOCÊ GOSTA MAIS DO DIA OU DA NOITE? RESPONDA A ESSA PERGUNTA FAZENDO A ATIVIDADE **14** DA PÁGINA **18** DO **CADERNO DE CRIATIVIDADE E ALEGRIA**.

4 PARA REALIZAR ATIVIDADES NOTURNAS, PRECISAMOS UTILIZAR ALGUNS ITENS DO DIA A DIA. VÁ AO **CADERNO DE CRIATIVIDADE E ALEGRIA**, FAÇA A ATIVIDADE **15** DA PÁGINA **19** E DESCUBRA QUAL PODE SER ESSE ITEM.

5 ALGUNS ANIMAIS TÊM HÁBITOS NOTURNOS. FAÇA A ATIVIDADE **16** DA PÁGINA **19** DO **CADERNO DE CRIATIVIDADE E ALEGRIA** E TENTE IDENTIFICAR UM DESSES ANIMAIS.

UNIDADE 3

OS SERES VIVOS

Bruna Assis Brasil/Arquivo da editora

ENTRE NESTA RODA

- VOCÊ JÁ VISITOU ALGUM MUSEU DE CIÊNCIAS COMO O DA CENA? SE VISITOU, COMO ELE ERA?
- QUAIS SERES VIVOS APARECEM NA IMAGEM?

NESTA UNIDADE VAMOS ESTUDAR...

- ANIMAIS
- VEGETAIS

9 OS VEGETAIS

OS VEGETAIS (OU PLANTAS) SÃO SERES VIVOS. ELES NASCEM, CRESCEM, REPRODUZEM-SE E MORREM.

José Rodrigues/Arquivo da editora

FASES DA VIDA DE UM TOMATEIRO.

EXISTEM MUITOS TIPOS DE VEGETAL. ELES SE DESENVOLVEM EM DIFERENTES AMBIENTES.

AS PLANTAS PODEM VIVER NO SOLO, NA ÁGUA E ATÉ MESMO APOIADAS SOBRE OUTRAS PLANTAS. CONHEÇA ALGUNS EXEMPLOS.

unjiko/Shutterstock

OS AGUAPÉS SE DESENVOLVEM NA ÁGUA.

Andre Dib/Pulsar Imagens

AS PALMEIRAS DE CARNAÚBAS VIVEM NO SOLO.

Edson Sato/Pulsar Imagens

ALGUMAS BROMÉLIAS CRESCEM SOBRE OUTRAS PLANTAS.

AS PLANTAS TÊM TAMANHOS E FORMATOS VARIADOS. ELAS PODEM SER GRANDES OU TÃO PEQUENAS QUE, ÀS VEZES, É ATÉ DIFÍCIL ENXERGAR SUAS PARTES.

ALGUMAS PLANTAS CRESCEM ALTAS E RETAS, OUTRAS TÊM MUITOS GALHOS E OUTRAS, AINDA, SÃO BAIXAS E RASTEIRAS.

Edson Grandisoli/Pulsar Imagens

JATOBÁ

Thannithi/Shutterstock

MUSGOS

OS VEGETAIS ESTÃO PRESENTES EM NOSSO DIA A DIA. ELES SÃO UTILIZADOS EM NOSSA ALIMENTAÇÃO E TAMBÉM QUANDO QUEREMOS ENFEITAR OS LUGARES, POR EXEMPLO.

Ilustra Cartoon/Arquivo da editora

ATIVIDADES

1 COM A AJUDA DO PROFESSOR, ENCONTRE NO DIAGRAMA AS PALAVRAS QUE COMPLETAM A FRASE ABAIXO.

S	Y	O	H	G	D	H	L	P	L	H	D
F	J	O	L	U	Z	S	O	L	A	R	F
S	Á	G	U	A	D	P	L	H	U	P	T
O	L	S	R	I	N	O	I	T	P	A	R
T	E	N	U	T	R	I	E	N	T	E	S

AS PLANTAS SÃO SERES VIVOS E PRECISAM DE ....,
...., ... E .... PARA VIVER E SE DESENVOLVER.

2 NAS DEPENDÊNCIAS DA ESCOLA, OBSERVE UMA PLANTA E DESENHE-A NO QUADRO. DEPOIS, ASSINALE COM **X** AS CARACTERÍSTICAS DESSA PLANTA NA FICHA.

- A PLANTA É:
  - [ ] PEQUENA.
  - [ ] GRANDE.
- A PLANTA VIVE:
  - [ ] NO SOLO.
  - [ ] NA ÁGUA.
  - [ ] APOIADA SOBRE OUTRA PLANTA.

3 OBSERVE O **CAJUEIRO** ABAIXO. NUMERE AS PARTES DELE DE ACORDO COM A LEGENDA.

CAJUEIRO: ÁRVORE DO CAJU.

1. RAIZ 2. CAULE 3. FOLHA 4. FLOR 5. FRUTO

Osni de Oliveira/Arquivo da editora

4 PARA IDENTIFICAR AS PLANTAS, VOCÊ TAMBÉM PODE OBSERVAR AS FOLHAS DELAS. FAÇA A ATIVIDADE **17** DA PÁGINA **20** DO **CADERNO DE CRIATIVIDADE E ALEGRIA** E DESCUBRA.

5 VAMOS BUSCAR TODAS AS PARTES DOS VEGETAIS EM UM DIAGRAMA? VÁ AO **CADERNO DE CRIATIVIDADE E ALEGRIA**, NA PÁGINA **21**, E FAÇA A ATIVIDADE **18**.

6 AS PARTES DOS VEGETAIS QUE ENCONTRAMOS NA ATIVIDADE ANTERIOR PODEM SER UTILIZADAS EM NOSSA ALIMENTAÇÃO. DÊ EXEMPLOS DESSAS PARTES NA ATIVIDADE **19** DA PÁGINA **21** DO **CADERNO DE CRIATIVIDADE E ALEGRIA**.

VEGETAIS NA ALIMENTAÇÃO

UMA DAS MANEIRAS DE SE MANTER SAUDÁVEL É INCLUIR DIVERSOS TIPOS DE VEGETAL NA ALIMENTAÇÃO, COMO FRUTAS, VERDURAS E CEREAIS.

OBSERVE ALGUMAS PARTES DE VEGETAIS NESTA PÁGINA E NA PÁGINA SEGUINTE. QUAIS DELAS VOCÊ COSTUMA COMER? CONTE AOS COLEGAS.

DESENHE NOS QUADROS EM BRANCO MAIS UM EXEMPLO DE ALIMENTO VEGETAL E ESCREVA O NOME DELE ABAIXO.

SEMENTE

ELEMENTOS NÃO PROPORCIONAIS ENTRE SI.

AN NGUYEN/Shutterstock

• FEIJÃO

Sergiy Kuzmin/Shutterstock

• ERVILHA

Lopatin Anton/Shutterstock

• AMENDOIM

RAIZ

ELEMENTOS NÃO PROPORCIONAIS ENTRE SI.

Nattika/Shutterstock

• CENOURA

Ramon L. Farinos/Shutterstock

• RABANETE

Binh Thanh Bui/Shutterstock

• MANDIOCA

CAULE

ELEMENTOS NÃO PROPORCIONAIS ENTRE SI.

Nuttapong/Shutterstock

• CANA-DE-AÇÚCAR

diogoppr/Shutterstock

• PALMITO

Tiger Images/Shutterstock

• INHAME

ELEMENTOS NÃO PROPORCIONAIS ENTRE SI.

FOLHA

Gavran333/Shutterstock

ALFACE

Vinicius Tupinamba/Shutterstock

COUVE

monticello/Shutterstock

REPOLHO

ELEMENTOS NÃO PROPORCIONAIS ENTRE SI.

FLOR

MidoSemsem/Shutterstock

ALCACHOFRA

Kalin Eftimov/Shutterstock

BRÓCOLIS

Egor Rodynchenko/Shutterstock

COUVE-FLOR

ELEMENTOS NÃO PROPORCIONAIS ENTRE SI.

FRUTO

Kovaleva_Ka/Shutterstock

MANGA

Maks Narodenko/Shutterstock

LARANJA

Tim UR/Shutterstock

TOMATE

SAIBA MAIS

VOCÊ SABE O QUE SIGNIFICA A SIGLA PANC?

NA NATUREZA EXISTE UMA VARIEDADE ENORME DE PLANTAS COMESTÍVEIS. PORÉM, NÓS HUMANOS CONHECEMOS E NOS ALIMENTAMOS DE POUCAS DELAS.

AS PLANTAS QUE NÃO CONSUMIMOS OU AS PARTES DAS PLANTAS QUE SÃO DESPERDIÇADAS, COMO AS FOLHAS DA BETERRABA, SÃO CHAMADAS DE PLANTAS ALIMENTÍCIAS NÃO CONVENCIONAIS, OU PANC.

VOCÊ EM AÇÃO

AS PLANTAS E A ÁGUA

COMO VIMOS, AS PLANTAS NECESSITAM DE ÁGUA PARA VIVER.

VAMOS ENTENDER COMO A ÁGUA É TRANSPORTADA NAS PLANTAS?

VOCÊ VAI PRECISAR DE:

- 1 (UM) COPO COM ÁGUA
- 1 (UMA) FLOR BRANCA
- 1 (UM) POTINHO DE CORANTE PARA ALIMENTOS

COMO FAZER

1 PEÇA A UM ADULTO QUE APARE O CAULE DA FLOR.

ATENÇÃO: FAÇA A ATIVIDADE COM A AJUDA DE UM ADULTO.

2 COLOQUE NO COPO COM ÁGUA ALGUMAS GOTAS DE CORANTE ATÉ QUE ELE SE ESPALHE TOTALMENTE.

Ilustrações: Ilustra Cartoon/Arquivo da editora

3 COLOQUE A FLOR DENTRO DO COPO E EXPOSTA AO SOL. GARANTA QUE A PONTA CORTADA DO CAULE DA FLOR ESTEJA MERGULHADA NA ÁGUA COM CORANTE. DEIXE A FLOR ASSIM POR NO MÍNIMO DUAS HORAS.

Ilustra Cartoon/Arquivo da editora

OBSERVAÇÃO E CONCLUSÃO

1 O QUE ACONTECEU COM A FLOR? ASSINALE A ALTERNATIVA CORRETA.

- [ ] AO ABSORVER A ÁGUA, A FLOR BRANCA MURCHOU.
- [ ] AO ABSORVER A ÁGUA, A FLOR BRANCA FICOU DA COR DO CORANTE.
- [ ] AO ABSORVER A ÁGUA, A FLOR CONTINUOU BRANCA.

- FAÇA UM DESENHO ABAIXO PARA REPRESENTAR SUA RESPOSTA.

2 COMO VOCÊ ACHA QUE OCORRE O TRANSPORTE DA ÁGUA NA PLANTA?

3 O QUE VOCÊ ACHA QUE ACONTECERIA COM A FLOR SE O CORANTE FOSSE, NA VERDADE, POLUIÇÃO?

COMO NASCEM AS PLANTAS

AS PLANTAS, COMO OS DEMAIS SERES VIVOS, PODEM SE REPRODUZIR.

MUITAS PLANTAS SE REPRODUZEM POR MEIO DE SEMENTES, QUE FICAM PROTEGIDAS DENTRO DOS FRUTOS.

EM CONDIÇÕES ADEQUADAS DE LUZ, ÁGUA E TEMPERATURA, AS SEMENTES **GERMINAM** E DÃO ORIGEM A UMA NOVA PLANTA.

GERMINAM: BROTAM.

ELEMENTOS NÃO PROPORCIONAIS ENTRE SI.

v.s.anandhakrishna/ Shutterstock

ERVILHA

oriori/Shutterstock

MAMÃO

Valery121283/Shutterstock

ABACATE

Maryna Pleshkun/Shutterstock

MELANCIA

ALGUMAS PLANTAS PODEM SE REPRODUZIR A PARTIR DE **MUDAS**, COMO A VIOLETA E A ROSEIRA.

MUDAS: PARTES TIRADAS DE UMA PLANTA ADULTA PARA QUE SE DESENVOLVAM E DEEM ORIGEM A UMA NOVA PLANTA.

ELEMENTOS NÃO PROPORCIONAIS ENTRE SI.

Jennifer Mae Kilby/Shutterstock

MUDA DE VIOLETA

Roman Pelesh/Shutterstock

VIOLETA ADULTA

ATIVIDADES

1 OBSERVE AS CENAS E, COM A AJUDA DO PROFESSOR, LEIA OS TEXTOS.

Ilustra Cartoon/Arquivo da editora

FLORA COMEU UMA FATIA DE MELANCIA E JOGOU AS SEMENTES NO JARDIM.

Ilustra Cartoon/Arquivo da editora

DEPOIS DE ALGUNS DIAS, A MENINA FICOU ESPANTADA COM O QUE VIU.

- VOCÊ SABE EXPLICAR O QUE ACONTECEU? ENTÃO CONTE AOS COLEGAS.

2 NUMERE AS FIGURAS NA ORDEM CORRETA E COMPLETE AS FRASES COM AS PALAVRAS DO QUADRO.

NASCENDO	CRESCENDO	MORRENDO

A PLANTA ESTÁ ....

A PLANTA ESTÁ ....

A PLANTA ESTÁ ....

Ilustrações: José Rodrigues/Arquivo da editora

3 MUITOS FRUTOS APRESENTAM SEMENTES. FAÇA A ATIVIDADE **20** DA PÁGINA **22** DO CADERNO DE **CRIATIVIDADE E ALEGRIA** E VEJA DE QUAIS SEMENTES VOCÊ SE LEMBRA.

VOCÊ EM AÇÃO

CONSTRUINDO UMA SEMENTEIRA

VAMOS ACOMPANHAR O DESENVOLVIMENTO DE UMA PLANTA?

COM OS COLEGAS E O PROFESSOR, REALIZE A MONTAGEM DA SEMENTEIRA DESCRITA NO TEXTO A SEGUIR.

VOCÊ VAI PRECISAR DE:

- 1 (UMA) CAIXA DE MADEIRA
- TERRA
- SEMENTES VARIADAS
- ÁGUA
- VASOS
- PÁ
- LUVAS
- PENEIRA

ATENÇÃO: FAÇA A ATIVIDADE COM A AJUDA DE UM ADULTO.

COMO FAZER

1 COLOQUE A TERRA NA CAIXA, REGUE-A E DEIXE A ÁGUA ESCORRER ANTES DE **SEMEAR**.

SEMEAR: DISTRIBUIR SEMENTES.

2 ESPALHE AS SEMENTES NA CAIXA DE MANEIRA UNIFORME.

3 CUBRA-AS COM UM POUCO DE TERRA PENEIRADA.

Ilustrações: Ilustra Cartoon/Arquivo da editora

4 MANTENHA A CAIXA EM UM LUGAR CLARO, MAS SEM EXPÔ-LA À LUZ DIRETA DO SOL. REGUE QUANDO NECESSÁRIO.

5 ESPERE AS SEMENTES GERMINAREM E AS MUDINHAS APARECEREM.

6 QUANDO AS MUDINHAS ALCANÇAREM O TAMANHO DE 10 OU 15 CENTÍMETROS, DEVEM SER REMOVIDAS COM CUIDADO E TRANSPLANTADAS.

7 O TRANSPLANTE PODE SER FEITO PARA VASOS, JARDINEIRAS OU CANTEIROS. É BOM MANTER CERTA DISTÂNCIA ENTRE AS MUDINHAS.

Ilustrações: Ilustra Cartoon/Arquivo da editora

OBSERVAÇÃO E CONCLUSÃO

- TODOS OS TIPOS DE PLANTA SE DESENVOLVERAM DA MESMA MANEIRA? POR QUE VOCÊ ACHA QUE ISSO ACONTECE? CONVERSE COM OS COLEGAS E O PROFESSOR.

10 OS ANIMAIS

OS ANIMAIS, INCLUINDO OS SERES HUMANOS, TAMBÉM SÃO SERES VIVOS. NA NATUREZA EXISTEM DIFERENTES TIPOS DE ANIMAL. CONHEÇA ALGUNS EXEMPLOS.

Divulgação/Embrapa

O PORCO NÃO TEM ASAS.

Luciano Queiroz/Pulsar Imagens

O TUCANO TEM ASAS.

Fabio Colombini/Acervo do fotógrafo

O PEIXE TEM NADADEIRAS.

Eric Isselee/Shutterstock

O CAMALEÃO TEM PERNAS.

Digital Vision/Arquivo da editora

A SERPENTE NÃO TEM PERNAS NEM NADADEIRAS.

seasoning_17/Shutterstock

O JABUTI CAMINHA LENTAMENTE.

Tom Reichner/Shutterstock

O COELHO CORRE RAPIDAMENTE.

O ELEFANTE É UM ANIMAL GRANDE.

Digital Vision/Arquivo da editora

Irina Kozorog/Shutterstock

A FORMIGA É PEQUENA.

ONDE VIVEM OS ANIMAIS

OS ANIMAIS TAMBÉM VIVEM EM DIVERSOS AMBIENTES.

ELES PODEM VIVER NA ÁGUA, COMO OS ANIMAIS MOSTRADOS NA IMAGEM AO LADO. SÃO OS ANIMAIS AQUÁTICOS.

Yevgeni Chernishev/Shutterstock

PEIXES

OS ANIMAIS TERRESTRES SÃO AQUELES QUE VIVEM NO SOLO E TAMBÉM AQUELES QUE PODEM VOAR.

Gary C. Tognoni/Shutterstock

CAVALOS

Jaroslav Machacek/Shutterstock

CARAMUJO

Jaboticaba Fotos/Shutterstock

CORUJA

ATIVIDADES

1 CONVERSE COM OS COLEGAS E O PROFESSOR E RESPONDA ÀS PERGUNTAS: SERÁ QUE OS ANIMAIS QUE VIVEM NA TERRA PODERIAM SOBREVIVER NA ÁGUA? E OS QUE VIVEM NA ÁGUA SOBREVIVERIAM NA TERRA? QUAIS SÃO AS DIFICULDADES QUE ELES PODERIAM ENCONTRAR?

2 OBSERVE ALGUNS ANIMAIS EM DIFERENTES AMBIENTES E FAÇA O QUE SE PEDE.

Ilustrações: José Rodrigues/Arquivo da editora

ELEMENTOS NÃO PROPORCIONAIS ENTRE SI.

A) CONTORNE DE **VERMELHO** O ANIMAL QUE PODE VOAR.

B) CONTORNE DE **AZUL** O ANIMAL QUE VIVE NA ÁGUA.

C) CONTORNE DE **ROXO** OS ANIMAIS QUE VIVEM NA TERRA.

3 COMPLETE AS FRASES COM **NA ÁGUA** OU **NA TERRA**.

A) O  VIVE ....

B) O  E O  VIVEM ....

Ilustrações: José Rodrigues/Arquivo da editora

4 DESENHE NO ESPAÇO ABAIXO ANIMAIS QUE VOCÊ JÁ VIU NO PÁTIO DA ESCOLA, NO QUINTAL DE SUA CASA OU EM UM JARDIM.

- COM A AJUDA DO PROFESSOR, RESPONDA:

A) QUAL É O NOME DO ANIMAL QUE VOCÊ DESENHOU?

....

B) ONDE ESSE ANIMAL VIVE: NA TERRA OU NA ÁGUA?

....

5 OS ANIMAIS PODEM VIVER EM DIVERSOS AMBIENTES. VAMOS SABER MAIS SOBRE ISSO? VÁ AO **CADERNO DE CRIATIVIDADE E ALEGRIA** E FAÇA A ATIVIDADE **21** DA PÁGINA **23**.

ANIMAIS SILVESTRES E ANIMAIS DOMESTICADOS

OS ANIMAIS QUE VIVEM LIVRES NA NATUREZA SÃO CHAMADOS **ANIMAIS SILVESTRES**.

ELES BUSCAM ALIMENTO E ABRIGO POR CONTA PRÓPRIA.

JACARÉ

ONÇA

MANTER ANIMAIS SILVESTRES EM CASA É CRIME AMBIENTAL. NÃO COMPRE ANIMAIS SILVESTRES.

OS ANIMAIS QUE SÃO CRIADOS PELOS SERES HUMANOS SÃO CHAMADOS **ANIMAIS DOMESTICADOS**.

ALGUNS ANIMAIS DOMESTICADOS SÃO DENOMINADOS **ANIMAIS DE ESTIMAÇÃO**. ELES RECEBEM ALIMENTAÇÃO, ABRIGO E CUIDADOS DOS SEUS CRIADORES.

CÃO

GATO

ATIVIDADES

1 PINTE OS ANIMAIS DE ACORDO COM A LEGENDA ABAIXO.

ANIMAL DOMESTICADO

ANIMAL SILVESTRE

ELEMENTOS NÃO PROPORCIONAIS ENTRE SI.

Ilustrações: Osni de Oliveira/ Arquivo da editora

2 EM UMA FOLHA À PARTE, DESENHE O ANIMAL DE ESTIMAÇÃO QUE VOCÊ TEM EM CASA OU AQUELE QUE GOSTARIA DE TER. ABAIXO DO DESENHO, ESCREVA QUE ANIMAL É E O NOME DELE.

- JUNTE-SE AOS COLEGAS QUE ESCOLHERAM O MESMO ANIMAL QUE VOCÊ. DEPOIS, COMPLETE A FICHA ABAIXO.

COMO CUIDO...

- DA ALIMENTAÇÃO DELE: ....
- DA HIGIENE E DA SAÚDE DELE: ....
- DO AMBIENTE ONDE ELE VIVE: ....

3 VOCÊ CONHECE ALGUMA CAMPANHA DE PROTEÇÃO AOS ANIMAIS? FAÇA A ATIVIDADE **22** DA PÁGINA **26** DO **CADERNO DE CRIATIVIDADE E ALEGRIA** E DESCUBRA UMA.

O TEMA É...

DIREITOS E DEVERES

VOCÊ SABIA QUE OS DIREITOS E OS DEVERES DAS CRIANÇAS E DOS ADOLESCENTES SÃO PREVISTOS NA LEI BRASILEIRA?

CONHEÇA ALGUNS DIREITOS DAS CRIANÇAS E DOS ADOLESCENTES.

- DIREITO À VIDA E À SAÚDE.
- DIREITO À LIBERDADE, AO RESPEITO E À DIGNIDADE.
- DIREITO À CONVIVÊNCIA FAMILIAR E COMUNITÁRIA.
- DIREITO À EDUCAÇÃO, À CULTURA, AO ESPORTE E AO LAZER.
- DIREITO À PROFISSIONALIZAÇÃO E À PROTEÇÃO DO TRABALHO.

AGORA, ACOMPANHE A HISTÓRIA EM QUADRINHOS AO LADO E CONHEÇA SEUS DEVERES.

Instituto Mauricio de Sousa

A TURMA DA MÔNICA EM: O ESTATUTO DA CRIANÇA E DO ADOLESCENTE, DE MAURICIO DE SOUSA. SÃO PAULO: ESTÚDIOS MAURICIO DE SOUSA, 2018. P. 18.

DA MESMA MANEIRA, A LEGISLAÇÃO PREVÊ OS DIREITOS DOS ANIMAIS DE ESTIMAÇÃO E OS DEVERES DE SEUS CUIDADORES.

OS ANIMAIS DE ESTIMAÇÃO NECESSITAM DE CUIDADOS ADEQUADOS COM ALIMENTAÇÃO E SAÚDE.

Reprodução/<www.iepa.org.br>

MUITAS ONGS FAZEM CAMPANHAS DE ADOÇÃO DURANTE O ANO TODO.

NÃO BASTA ADOTAR! QUEM ADOTA DEVE CONSCIENTIZAR-SE DA GUARDA RESPONSÁVEL DO ANIMAL.

E, POR ISSO, TER UM ANIMAL EM CASA É TER COMPANHIA, DIVERSÃO E TAMBÉM DEVERES.

CUIDE BEM DE SEU ANIMAL DE ESTIMAÇÃO:

- USE COLEIRA E GUIA.
- RECOLHA AS FEZES.
- FORNEÇA ABRIGO CONFORTÁVEL, PROTEGIDO DO SOL, DA CHUVA E DO VENTO.
- MANTENHA A VACINAÇÃO EM DIA.
- ALIMENTE-O E DÊ CARINHO.

1 VOCÊ JÁ CONHECIA OS DEVERES APRESENTADOS NA HISTÓRIA EM QUADRINHOS ACIMA? COMENTE COM OS COLEGAS O QUE VOCÊ ACHOU DE NOVO E O QUE JÁ FAZIA.

2 COMO VOCÊ JÁ SABE, UM ANIMAL DE ESTIMAÇÃO PRECISA DE CUIDADOS DIÁRIOS PARA MANTER A SAÚDE. O QUE DEVE SER FEITO DIARIAMENTE PARA CUIDAR BEM DELE? COMPARTILHE COM OS COLEGAS E O PROFESSOR.

A COBERTURA DO CORPO DOS ANIMAIS

VOCÊ JÁ REPAROU QUE A COBERTURA DO CORPO DOS ANIMAIS PODE SER DIFERENTE?

O TIPO DE COBERTURA DO CORPO DOS ANIMAIS ESTÁ RELACIONADO AOS HÁBITOS DE VIDA DELES E AOS AMBIENTES EM QUE VIVEM.

Fabio Colombini/Acervo do fotógrafo

RÃ, PERERECA E SAPO TÊM A PELE LISA E ÚMIDA.

O CORPO DO PEIXE É COBERTO POR ESCAMAS.

Sergey Skleznev/Shutterstock

blue-sea.cz/Shutterstock

A TARTARUGA TEM A MAIOR PARTE DO CORPO COBERTA POR **CARAPAÇA**.

Nacho Such/Shutterstock

O CORPO DO BICHO-PREGUIÇA É COBERTO POR PELOS.

Boonchuay Promjiam/Shutterstock

A AVE TEM O CORPO COBERTO POR PENAS.

- ACIMA, MOSTRAMOS A COBERTURA DO CORPO DE ALGUNS ANIMAIS. E COMO É A COBERTURA DE SEU CORPO?

CARAPAÇA: CASCO DURO QUE PROTEGE O CORPO DE UM ANIMAL.

ATIVIDADES

1 DESENHE EM CADA QUADRO UM ANIMAL QUE TENHA O TIPO DE COBERTURA CORPORAL QUE ESTÁ SENDO PEDIDO. DEPOIS, ESCREVA O NOME DELE NA LINHA ABAIXO.

PELOS

PENAS

2 IDENTIFIQUE E LIGUE OS PARES CORRESPONDENTES.

ctpaul/Shutterstock

Bondar Pavel/Shutterstock

Mauro Rodrigues/Shutterstock

Butsaya/Shutterstock

Jannarong/Shutterstock

Viktor Loki/Shutterstock

Rudmer Zwerver/Shutterstock

Janon Stock/Shutterstock

Brilliance stock/Shutterstock

Edwin Butter/Shutterstock

A LOCOMOÇÃO DOS ANIMAIS

OS ANIMAIS **LOCOMOVEM-SE** DE DIFERENTES JEITOS: ANDANDO, NADANDO, **RASTEJANDO**, SALTANDO OU VOANDO.

OS ANIMAIS LOCOMOVEM-SE PARA:

LOCOMOVEM-SE: VÃO DE UM LUGAR A OUTRO.
RASTEJANDO: ARRASTANDO A BARRIGA NO SOLO.

PROCURAR ALIMENTOS.

Paco Toscano/Shutterstock

FUGIR DE PREDADORES.

cbpix/Shutterstock

REPRODUZIR-SE.

IgortPlotnikov/Shutterstock

PROTEGER-SE.

Maria Dryfhout/Shutterstock

SAIBA MAIS

QUANTAS PERNAS!

OS ANIMAIS QUE SE LOCOMOVEM PELA TERRA TÊM DIFERENTES QUANTIDADES DE PERNAS. NÓS, SERES HUMANOS, POR EXEMPLO, ANDAMOS SOBRE DUAS PERNAS. JÁ OS GATOS E OS CACHORROS TÊM QUATRO PERNAS, ENQUANTO AS ARANHAS TÊM OITO. MAS NINGUÉM GANHA DAS CENTOPEIAS: ELAS PODEM TER ATÉ DUZENTAS PERNAS!

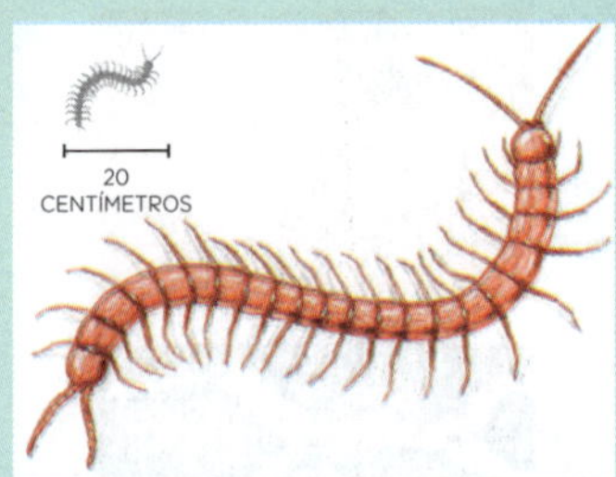

Osni de Oliveira/Arquivo da editora

AS LACRAIAS PODEM TER ATÉ 42 PERNAS.

ATIVIDADES

1 COMO ESTES ANIMAIS SE LOCOMOVEM DE UM LUGAR PARA OUTRO? ESCOLHA NO QUADRO UMA FORMA DE LOCOMOÇÃO E ESCREVA ABAIXO DA IMAGEM.

ANDA	NADA	RASTEJA	VOA

ELEMENTOS NÃO PROPORCIONAIS ENTRE SI.

esign/Shutterstock

Akugasahagy/Shutterstock

....

....

Eric Isselee/Shutterstock

PhotoDisc/Arquivo da editora

....

....

2 OS ANIMAIS PODEM SE LOCOMOVER DE VÁRIAS FORMAS. OBSERVE AS FOTOS E FAÇA UM **X** NA PARTE PRINCIPAL DO CORPO QUE O ANIMAL REPRESENTADO USA PARA SE LOCOMOVER.

☐ PERNAS

☐ ASAS

Paul Reeves Photography/Shutterstock

☐ PERNAS

☐ ASAS

EcoPrint/Shutterstock

ELEMENTOS NÃO PROPORCIONAIS ENTRE SI.

VOCÊ EM AÇÃO

CONSTRUINDO UM MINHOCÁRIO

VOCÊ JÁ VIU COMO AS MINHOCAS SE COMPORTAM NO SOLO?

VAMOS CONSTRUIR UM MINHOCÁRIO E OBSERVAR AS MINHOCAS POR ALGUNS DIAS.

VOCÊ VAI PRECISAR DE:

- 1 (UMA) GARRAFA PLÁSTICA TRANSPARENTE DE 2 (DOIS) LITROS
- 1 (UM) PEDAÇO DE TECIDO
- 1 (UM) PEDAÇO DE TELA FINA
- 5 (CINCO) OU 6 (SEIS) MINHOCAS, COLETADAS EM JARDINS
- FOLHAS DE PLANTAS VARIADAS
- LUVAS
- TERRA PARA JARDIM, AREIA E CASCALHO
- ÁGUA
- BORRIFADOR

ATENÇÃO: FAÇA A ATIVIDADE COM A AJUDA DE UM ADULTO.

COMO FAZER

1 PEÇA A UM ADULTO QUE CORTE O GARGALO DA GARRAFA PLÁSTICA.

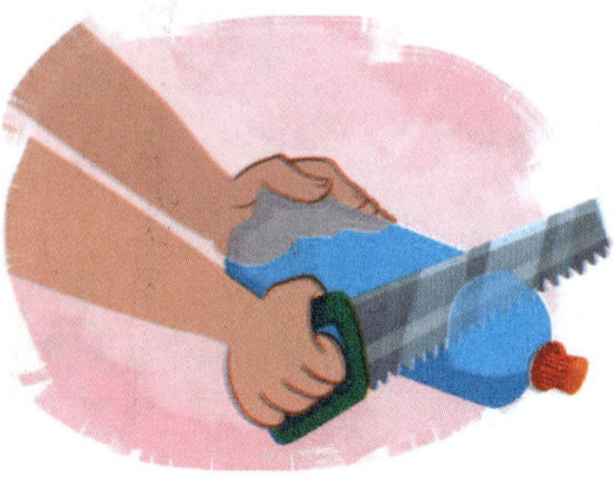

2 COM AS LUVAS, COLOQUE NA GARRAFA CORTADA CAMADAS DE 3 CENTÍMETROS DE CASCALHO, AREIA E TERRA, REPETINDO-AS NESSA ORDEM ATÉ CHEGAR AO TOPO. A ÚLTIMA CAMADA DEVE SER DE TERRA.

Ilustrações: Ilustra Cartoon/Arquivo da editora

3 DEPOSITE NA GARRAFA AS FOLHAS E, POR ÚLTIMO, AS MINHOCAS.

4 TAMPE A GARRAFA COM A TELA PARA QUE AS MINHOCAS NÃO SAIAM.

5 BORRIFE ÁGUA NA TERRA PARA MANTÊ-LA ÚMIDA. REPITA ISSO A CADA DOIS DIAS.

6 ENVOLVA A GARRAFA TODA COM TECIDO E DEIXE-A EM UM CANTO DA SALA DE AULA.

7 DURANTE 15 DIAS, APROXIMADAMENTE, OBSERVE O QUE ACONTECE NO MINHOCÁRIO. PARA ISSO É PRECISO RETIRAR O TECIDO, MAS NÃO SE ESQUEÇA DE COLOCÁ-LO DE VOLTA.

Ilustrações: Ilustra Cartoon/Arquivo da editora

OBSERVAÇÃO E CONCLUSÃO

- CONVERSE COM OS COLEGAS E O PROFESSOR E ANOTE NO CADERNO O QUE VOCÊ ACHOU MAIS INTERESSANTE.

DEPOIS DE FEITAS AS OBSERVAÇÕES, SOLTE AS MINHOCAS NO LUGAR EM QUE VOCÊ AS PEGOU.

UNIDADE 4

HIGIENE E SAÚDE

ENTRE NESTA RODA

- O QUE AS CRIANÇAS ESTÃO FAZENDO NA PRIMEIRA CENA? ONDE ELAS ESTÃO?
- E NA SEGUNDA E NA TERCEIRA CENAS, O QUE AS CRIANÇAS FAZEM?
- EM QUE SITUAÇÕES AS CRIANÇAS ESTÃO CUIDANDO DA SAÚDE?

NESTA UNIDADE VAMOS ESTUDAR...

- HÁBITOS DE HIGIENE
- CUIDADOS COM O CORPO
- BEM-ESTAR MENTAL
- O MEIO AMBIENTE E A SAÚDE
- A ALIMENTAÇÃO E A SAÚDE
- DE ONDE VÊM OS ALIMENTOS

Ilustra Cartoon/Arquivo da editora

11 PARA VIVER COM SAÚDE

HÁBITOS DE HIGIENE COM O CORPO

OS CUIDADOS QUE TEMOS REGULARMENTE COM A LIMPEZA DO NOSSO CORPO SÃO CHAMADOS DE HÁBITOS DE HIGIENE. VEJA A SEGUIR ALGUNS HÁBITOS DE HIGIENE.

- LAVAR AS MÃOS ANTES DAS REFEIÇÕES, DEPOIS DE BRINCAR E DEPOIS DE IR AO BANHEIRO.

- ASSOAR E LIMPAR O NARIZ COM UM LENÇO DE PAPEL.

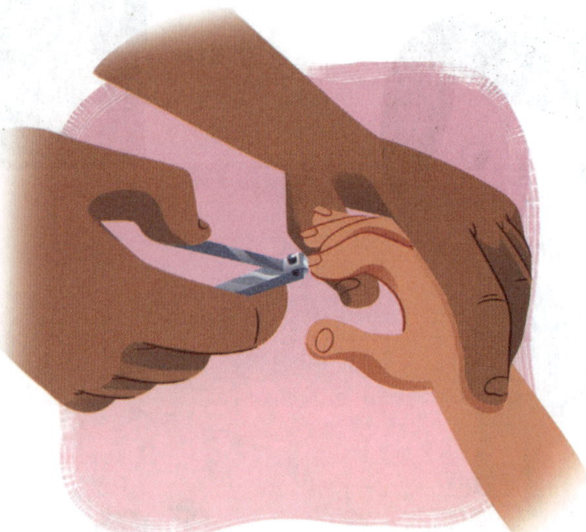

- MANTER AS UNHAS LIMPAS E CORTADAS.

- TOMAR BANHO, LAVAR O ROSTO E LIMPAR OS OLHOS.

Ilustrações: Ilustra Cartoon/Arquivo da editora

CUIDADOS COM OS DENTES

PARA MANTER A SAÚDE, É IMPORTANTE CUIDAR TAMBÉM DOS DENTES, PRINCIPALMENTE PARA EVITAR CÁRIES. VEJA ALGUNS CUIDADOS QUE A GIULIA TOMA TODOS OS DIAS.

Ilustrações: Ilustra Cartoon/Arquivo da editora

SAIBA MAIS

VOCÊ ESCOVA OS DENTES CORRETAMENTE?

OS DENTES SUPERIORES DEVEM SER ESCOVADOS DE CIMA PARA BAIXO E OS DENTES INFERIORES, DE BAIXO PARA CIMA.

É IMPORTANTE ESCOVAR OS DENTES APÓS CADA REFEIÇÃO PARA QUE OS RESTOS DE ALIMENTOS NÃO FIQUEM ACUMULADOS NA BOCA, PROVOCANDO CÁRIES. ALÉM DISSO, DEVEMOS USAR O FIO DENTAL E FAZER VISITAS REGULARES AO DENTISTA.

ATIVIDADES

1 OBSERVE AS CENAS E MARQUE UM **X** NAQUELAS QUE REPRESENTAM O QUE VOCÊ FAZ TODOS OS DIAS.

Pavel Semenov/Shutterstock

- TOMAR BANHO.

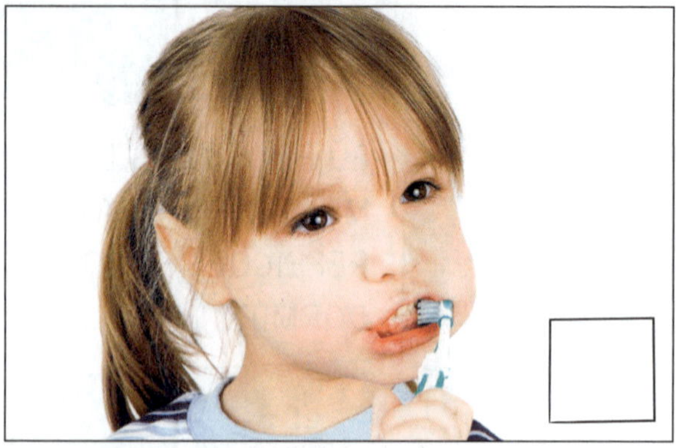
siamionau pavel/Shutterstock

- ESCOVAR OS DENTES.

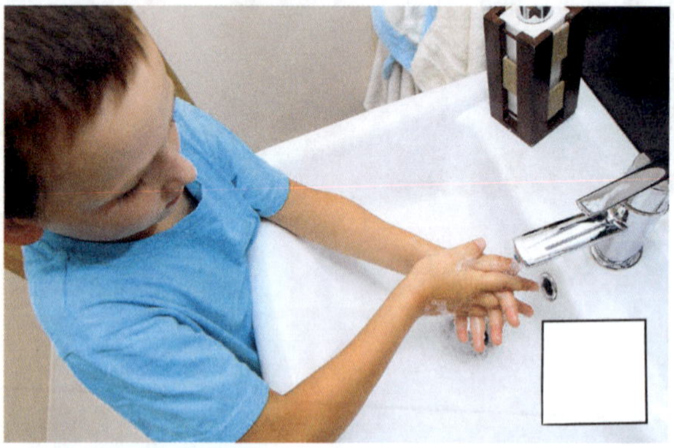
greenland/Shutterstock

- LAVAR AS MÃOS.

JGI/Jamie Grill/Superstock/Glow Images

- VESTIR ROUPAS LIMPAS.

Depositphotos/Fotoarena

- CORTAR AS UNHAS.

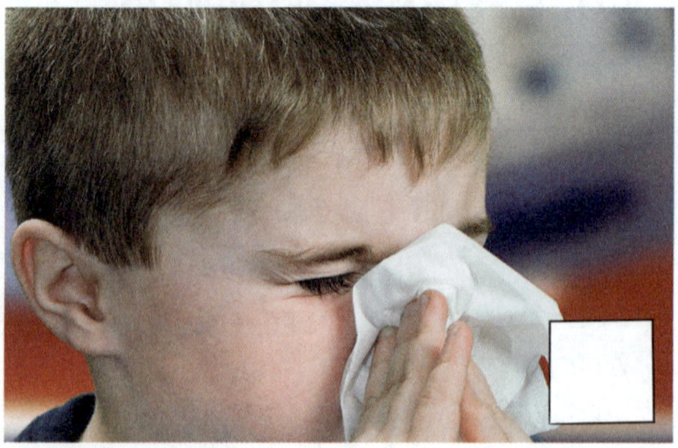
Bronwyn Photo/Shutterstock

- ASSOAR O NARIZ COM UM LENÇO DE PAPEL.

- CONVERSE COM OS COLEGAS E O PROFESSOR: VOCÊ DEIXOU DE MARCAR ALGUMA CENA? QUAL? POR QUÊ?

2 OBSERVE AS IMAGENS A SEGUIR, QUE MOSTRAM COMO É FEITA UMA BOA ESCOVAÇÃO DE DENTES. DEPOIS, ESCREVA O NÚMERO DA IMAGEM CORRESPONDENTE EM CADA FRASE.

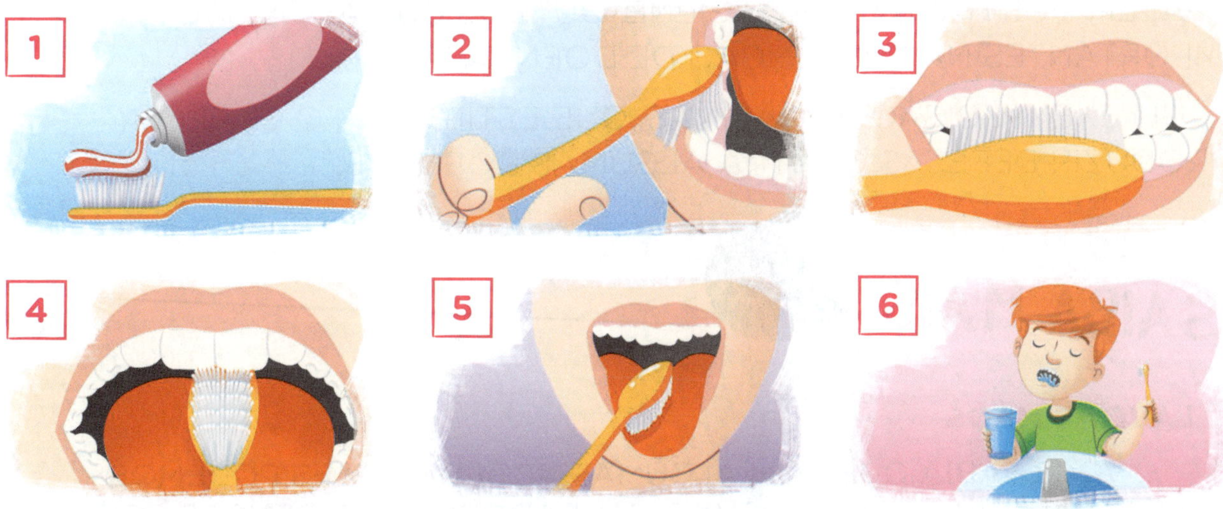

Ilustrações: Ilustra Cartoon/Arquivo da editora

☐ ESCOVAR A SUPERFÍCIE DE MASTIGAÇÃO DOS DENTES COM MOVIMENTOS PARA A FRENTE E PARA TRÁS.

☐ COLOCAR CREME DENTAL NA ESCOVA DE DENTES.

☐ ENXAGUAR OS DENTES E A BOCA COM ÁGUA.

☐ ESCOVAR A PARTE DE TRÁS DOS DENTES.

☐ ESCOVAR A LÍNGUA.

☐ ESCOVAR A PARTE DA FRENTE DOS DENTES.

3 A ÁGUA ESTÁ MUITO RELACIONADA AOS NOSSOS HÁBITOS DE HIGIENE. VÁ AO **CADERNO DE CRIATIVIDADE E ALEGRIA**, NA PÁGINA **28**, FAÇA A ATIVIDADE **24** E VEJA A IMPORTÂNCIA DA ÁGUA PARA NOSSA VIDA.

4 VOCÊ SABIA QUE ALGUNS PRODUTOS AUXILIAM NA MANUTENÇÃO DE NOSSA HIGIENE PESSOAL? FAÇA A ATIVIDADE **25** DA PÁGINA **29** DO **CADERNO DE CRIATIVIDADE E ALEGRIA** E DESCUBRA.

CUIDADOS COM O CORPO

É IMPORTANTE CUIDAR DO CORPO PARA VIVER BEM E MANTER A SAÚDE.

ALÉM DOS HÁBITOS DE HIGIENE, OUTROS CUIDADOS SÃO IMPORTANTES NA PREVENÇÃO DE DOENÇAS.

UM EXEMPLO SÃO AS VACINAS, QUE ESTIMULAM O CORPO A PRODUZIR DEFESAS CONTRA ALGUMAS DOENÇAS.

SAIBA MAIS +

LAVE AS MÃOS

VOCÊ SABIA QUE COM ALGUMAS AÇÕES SIMPLES PODEMOS EVITAR QUE MICRORGANISMOS CAUSADORES DE DOENÇAS SE ESPALHEM NO AMBIENTE? VEJA COMO É POSSÍVEL PROTEGERMOS AS PESSOAS AO NOSSO REDOR DE DOENÇAS.

Ilustra Cartoon/Arquivo da editora

- COBRIR A BOCA E O NARIZ AO TOSSIR E ESPIRRAR.

- LAVAR AS MÃOS DEPOIS DE BRINCAR E ANTES DE COMER.

TODA CRIANÇA, AO NASCER, RECEBE UMA CARTEIRA DE VACINAÇÃO. NESSA CARTEIRA SÃO REGISTRADAS TODAS AS VACINAS TOMADAS PELA CRIANÇA.

Ilustra Cartoon/Arquivo da editora

ATIVIDADES

1 EM CASA, COM A AJUDA DE UM FAMILIAR OU ADULTO RESPONSÁVEL, VEJA SUA CARTEIRA DE VACINAÇÃO. VOCÊ JÁ TOMOU TODAS AS VACINAS INDICADAS PARA A SUA IDADE? DEPOIS, EM SALA DE AULA, CONVERSE COM O PROFESSOR E OS COLEGAS.

2 ENCONTRE NO DIAGRAMA AS PALAVRAS QUE COMPLETAM AS FRASES A SEGUIR.

AS .... SÃO MUITO IMPORTANTES NA .... DE ....

ELAS ESTIMULAM O .... A PRODUZIR .... CONTRA OS MICRORGANISMOS INVASORES.

S	Y	O	H	G	D	H	L	P	L	H	D	P	R
F	J	O	L	U	Z	D	E	F	E	S	A	S	E
S	V	A	C	I	N	A	S	H	U	P	T	Q	R
O	L	S	R	I	N	O	I	T	P	A	R	S	V
T	E	M	G	Y	U	S	E	N	I	A	S	H	J
F	D	H	K	P	Q	D	X	M	B	C	Y	A	I
P	K	L	X	D	C	O	R	P	O	E	V	U	Y
D	S	X	H	G	F	P	K	U	Y	P	V	N	X
P	R	E	V	E	N	Ç	Ã	O	X	V	R	D	F
Q	E	H	T	K	P	A	V	Z	N	M	S	C	X
D	O	E	N	Ç	A	S	R	F	G	N	H	I	U

3 ANIMAIS DE ESTIMAÇÃO TAMBÉM PRECISAM DE CUIDADOS ESPECIAIS, COMO A VACINAÇÃO. VEJA A CARTEIRA DE VACINAÇÃO DA PÁGINA **27** DO **CADERNO DE CRIATIVIDADE E ALEGRIA** E RESOLVA A ATIVIDADE **23**.

BEM-ESTAR MENTAL

PARA TER UMA BOA SAÚDE, NÃO BASTA CUIDAR APENAS DO CORPO. É NECESSÁRIO CUIDAR TAMBÉM DA MENTE, LENDO LIVROS E REVISTAS, PRATICANDO ESPORTES COM A ORIENTAÇÃO DE UM INSTRUTOR CAPACITADO E PRATICANDO JOGOS QUE DESENVOLVEM O RACIOCÍNIO LÓGICO, COMO O XADREZ, ASSISTINDO A BONS PROGRAMAS NA TV, ENTRE OUTRAS ATIVIDADES SAUDÁVEIS.

BRINCAR COM OS AMIGOS, CONVERSAR E PASSEAR AO AR LIVRE TAMBÉM FAZ MUITO BEM À SAÚDE.

CONVIVER COM PESSOAS DE TODAS AS IDADES.

BRINCAR AO AR LIVRE.

LER UM LIVRO.

DORMIR AO MENOS 8 HORAS POR DIA.

Ilustrações: Ilustra Cartoon/Arquivo da editora

ATIVIDADES

1 OBSERVE AS IMAGENS E MARQUE COM UM **X** AS ATIVIDADES QUE VOCÊ PRATICA.

- CONVERSAR COM OS AMIGOS.

- CAMINHAR AO AR LIVRE.

- DANÇAR.

- OUVIR MÚSICA.

Ilustrações: Ilustra Cartoon/Arquivo da editora

2 DESENHE NO QUADRO ABAIXO OUTRA ATIVIDADE QUE O AJUDA A MANTER O BEM-ESTAR MENTAL.

12 CUIDAR DO MEIO AMBIENTE É CUIDAR DA SAÚDE

VOCÊ GOSTA DE VISITAR PARQUES E AMBIENTES AO AR LIVRE? OBSERVE A IMAGEM ABAIXO.

Ilustrações: Ilustra Cartoon/Arquivo da editora

AGORA, OBSERVE O MESMO AMBIENTE DA IMAGEM ANTERIOR, MAS EM OUTRA SITUAÇÃO.

O LIXO DESCARTADO INCORRETAMENTE PODE CONTAMINAR O SOLO, A ÁGUA E O AR. ELE PODE DESTRUIR A **FAUNA** E A **FLORA** LOCAIS, CAUSAR MAU CHEIRO, SENSAÇÃO DESAGRADÁVEL, ALÉM DE ATRAIR ANIMAIS QUE TRANSMITEM DOENÇAS AOS SERES HUMANOS.

FAUNA: CONJUNTO DE ANIMAIS PRÓPRIOS DE UMA REGIÃO.
FLORA: CONJUNTO DE PLANTAS PRÓPRIAS DE UMA REGIÃO.

ATIVIDADES

1 OBSERVE A IMAGEM ABAIXO E CONVERSE COM O PROFESSOR E OS COLEGAS SOBRE AS PERGUNTAS A SEGUIR.

Ilustra Cartoon/Arquivo da editora

- O QUE AS CRIANÇAS ESTÃO FAZENDO? VOCÊ ACHA QUE ELAS ESTÃO AGINDO DE MANEIRA POSITIVA?

2 O QUE VOCÊ ACHA QUE PODE SER FEITO PARA EVITAR O DESPERDÍCIO:

A) COM O MATERIAL ESCOLAR?

B) COM OS BRINQUEDOS USADOS?

C) NA HORA DE COMER?

3 QUANDO CUIDAMOS DO MEIO AMBIENTE ESTAMOS CUIDANDO TAMBÉM DA NOSSA SAÚDE. PARA REFLETIR SOBRE ISSO, VÁ AO **CADERNO DE CRIATIVIDADE E ALEGRIA**, NA PÁGINA **31**, E FAÇA A ATIVIDADE **27**.

VOCÊ EM AÇÃO

PRESERVAR A NATUREZA

VOCÊ SABIA QUE PODE AJUDAR A CUIDAR DA NATUREZA E CONTRIBUIR PARA MANTER UM AMBIENTE MAIS SAUDÁVEL COM ATITUDES SIMPLES?

VOCÊ VAI PRECISAR DE:

- COLA BRANCA
- TESOURA COM PONTAS ARREDONDADAS
- PAPEL COLORIDO NAS CORES: AZUL, VERMELHO, VERDE, AMARELO E MARROM
- CANETA HIDROCOR PRETA
- 5 (CINCO) CAIXAS DE PAPELÃO (REAPROVEITADAS)
- 5 (CINCO) FOLHAS DE PAPEL SULFITE

COMO FAZER

- RECORTE AS CAIXAS PARA DEIXÁ-LAS DA MESMA ALTURA.
- ENCAPE-AS CADA UMA DE UMA COR. USE AS CORES: AMARELO, VERDE, VERMELHO, AZUL E MARROM.

Ilustra Cartoon/Arquivo da editora

- EM CADA FOLHA DE PAPEL SULFITE, ESCREVA O NOME DOS MATERIAIS COM A CANETA HIDROCOR: **PAPEL**, **METAL**, **PLÁSTICO**, **VIDRO** E **ORGÂNICO**.
- COLE A FOLHA DE PAPEL SULFITE COM O NOME DOS MATERIAIS DA SEGUINTE MANEIRA: "PLÁSTICO" NA LIXEIRA VERMELHA, "METAL" NA AMARELA, "PAPEL" NA AZUL, "VIDRO" NA VERDE E "ORGÂNICO" NA MARROM.

CONTRIBUA PARA A RECICLAGEM SEPARANDO O LIXO NAS LIXEIRAS CORRETAS.

OBSERVAÇÃO E CONCLUSÃO

- QUAL É A IMPORTÂNCIA DA SEPARAÇÃO DO LIXO PARA A RECICLAGEM DE MATERIAIS?
- DESENHE NO QUADRO ABAIXO OUTRA MANEIRA DE CUIDAR DA NATUREZA E MANTER O AMBIENTE SAUDÁVEL.

13 ALIMENTAÇÃO E SAÚDE

PARA EXECUTAR AS ATIVIDADES DIÁRIAS, O CORPO HUMANO GASTA MUITA ENERGIA. OBSERVE AS IMAGENS A SEGUIR.

iStockphoto/Getty Images

BRINCAR

I love photo/Shutterstock

PRATICAR ESPORTES

MB Images/Shutterstock

ESTUDAR

LightField Studios/Shutterstock

DORMIR

SÃO OS ALIMENTOS QUE REPÕEM A ENERGIA QUE NOSSO CORPO GASTA.

PARA CRESCER FORTE E SADIO, É PRECISO COMER UM POUCO DE CADA TIPO DE ALIMENTO.

A ALIMENTAÇÃO SAUDÁVEL DEVE INCLUIR UMA VARIEDADE DE ALIMENTOS, COMO FRUTAS, VERDURAS, LEGUMES, ARROZ, MACARRÃO, FEIJÃO, CARNE, LEITE E DERIVADOS, E ATÉ MESMO GORDURA E AÇÚCAR MODERADAMENTE.

marilyn barbone/Shutterstock

UMA ALIMENTAÇÃO SAUDÁVEL É COLORIDA, COM VARIEDADE DE NUTRIENTES IMPORTANTES PARA O BOM FUNCIONAMENTO DO CORPO.

DE ONDE VÊM OS ALIMENTOS

VOCÊ SABIA QUE OS ALIMENTOS PODEM TER ORIGEM ANIMAL, VEGETAL OU MINERAL?

OS ALIMENTOS DE ORIGEM VEGETAL SÃO AQUELES ORIGINADOS DE PARTES DOS VEGETAIS, COMO FRUTOS, RAÍZES, FOLHAS, CAULE E FLORES.

O SAL DE COZINHA É UM EXEMPLO DE ALIMENTO DE ORIGEM MINERAL.

FRUTAS, LEGUMES, VERDURAS E GRÃOS SÃO ALIMENTOS DE ORIGEM VEGETAL.

LEITE, QUEIJO, OVOS E CARNES SÃO EXEMPLOS DE ALIMENTOS DE ORIGEM ANIMAL.

OUTROS ALIMENTOS CHEGAM ATÉ NÓS DEPOIS DE MUITAS TRANSFORMAÇÕES NAS INDÚSTRIAS. ESSES ALIMENTOS DEVEM SER CONSUMIDOS MODERADAMENTE.

EXPLORE A PÁGINA + E DIVIRTA-SE!

SALGADINHOS, DOCES, BISCOITOS E REFRIGERANTES SÃO ALIMENTOS RICOS EM AÇÚCARES E GORDURA E DEVEM SER CONSUMIDOS EM PEQUENAS QUANTIDADES.

ATIVIDADES

1 DESENHE E PINTE OS PRINCIPAIS ALIMENTOS QUE VOCÊ COSTUMA COMER.

pressxto/Shutterstock

NO CAFÉ DA MANHÃ	NO ALMOÇO
NO LANCHE	**NA HORA DO JANTAR**

- VOCÊ ESTÁ SE ALIMENTANDO DE MANEIRA SAUDÁVEL? SEUS PRATOS TÊM ALIMENTOS COLORIDOS E NATURAIS? CONVERSE COM OS COLEGAS E O PROFESSOR SOBRE ISSO.

2 OBSERVE AS FOTOS DOS ALIMENTOS E DESENHE NOS QUADRINHOS OS SÍMBOLOS CORRESPONDENTES À ORIGEM DELES.

▲ ORIGEM ANIMAL ■ ORIGEM VEGETAL

Alexander Raths/Shutterstock

Nata-Lia/Shutterstock

Yamix/Shutterstock

AlinaMD/Shutterstock

3 QUAIS SÃO OS ALIMENTOS QUE VOCÊ ACREDITA QUE FAZEM BEM À SAÚDE?

FAÇA A ATIVIDADE **26** DA PÁGINA **30** DO **CADERNO DE CRIATIVIDADE E ALEGRIA** E MONTE SEU PRATO SAUDÁVEL.

O TEMA É...

ALIMENTAÇÃO NATURAL FAZ BEM AO CORPO

COMO É BOM COMER UMA FRUTA FRESQUINHA! E QUEM GOSTA DE UMA SALADA BEM COLORIDA?

O MINISTÉRIO DA SAÚDE ORIENTA A POPULAÇÃO A INCLUIR EM SUA DIETA OS ALIMENTOS DE ORIGEM VEGETAL, QUE, NA MAIORIA, SÃO RICOS EM FIBRAS E NUTRIENTES E REDUZEM O RISCO DE GANHO DE PESO EM COMPARAÇÃO AOS DE ORIGEM ANIMAL.

MB Images/Shutterstock

FAMÍLIA ALMOÇANDO.

SABENDO DISSO, PENSE UM POUCO MAIS SOBRE SUA ALIMENTAÇÃO E RESPONDA.

1) QUANTAS VEZES POR DIA VOCÊ SE ALIMENTA?

2) QUAIS SÃO OS ALIMENTOS QUE VOCÊ CONSOME EM MAIOR QUANTIDADE?

3) COM QUE FREQUÊNCIA VOCÊ COSTUMA COMER ALIMENTOS NATURAIS (AQUELES QUE NÃO PASSAM POR NENHUM PROCESSO INDUSTRIAL)?

É SEMPRE BOM CONHECER NOVAS RECEITAS E EXPERIMENTAR O SABOR DELICIOSO E AS VANTAGENS DE UMA ALIMENTAÇÃO SAUDÁVEL.

QUE TAL A TURMA PRODUZIR UM CADERNO DE RECEITAS APENAS COM ALIMENTOS NATURAIS E SAUDÁVEIS? PARA TANTO, SIGA OS SEGUINTES PASSOS.

1) PESQUISE EM LIVROS, REVISTAS OU NA INTERNET UMA RECEITA COM ALIMENTOS NATURAIS OU POUCO PROCESSADOS. PODE SER UM PRATO SALGADO OU UMA SOBREMESA.

2) COM A AJUDA DO PROFESSOR, ESCREVA A RECEITA ESCOLHIDA ABAIXO.

Ilustra Cartoon/Arquivo da editora

3) AO FINAL, O PROFESSOR MONTARÁ UM CADERNO COM TODAS AS RECEITAS E, DEPOIS, COM A AJUDA DA TURMA, ESCOLHERÁ UMA RECEITA PARA FAZEREM TODOS JUNTOS.

BIBLIOGRAFIA

ALLAN, L. *Escola.com*: como as novas tecnologias estão transformando a educação na prática. Barueri: Figurati, 2015.

BANNELL, R. I. et al. *Educação no século XXI*: cognição, tecnologias e aprendizagens. Petrópolis: Vozes; Rio de Janeiro: Editora PUC, 2016.

BARBOSA, L. M. S. *Temas transversais*: como utilizá-los na prática educativa. Curitiba: IBPEX, 2007.

BARCELOS, V. *Octávio Paz*: da ecologia global à educação ambiental na escola. Lisboa: Instituto Piaget, 2007.

BIZZO, N. *Ciências*: fácil ou difícil? São Paulo: Biruta, 2009.

BORGES, D. S. C.; MARTURANO, E. M. *Alfabetização em valores humanos*: um método para o ensino de habilidades sociais. São Paulo: Summus, 2012.

BRASIL. Ministério da Educação. Secretaria de Educação Básica. Fundo Nacional de Desenvolvimento da Educação. *Ensino Fundamental de nove anos*: orientações para a inclusão da criança de seis anos de idade. Brasília, 2006.

________. *Pró-letramento*: programa de formação continuada de professores das séries iniciais do Ensino Fundamental. Brasília, 2006.

BRASIL. Ministério da Educação. Secretaria de Educação Fundamental. *Base Nacional Comum Curricular* (BNCC): Ciência da Natureza, Brasília, 2017.

________. *Parâmetros curriculares nacionais*: ciências naturais, meio ambiente e saúde. Brasília, 1997.

________. *Parâmetros curriculares nacionais*: temas transversais — apresentação, ética, pluralidade cultural, orientação sexual. Brasília, 1997.

________. *Referencial curricular nacional para Educação Infantil*. Brasília, 1998.

CANIATO, R. *Com ciência na educação*. Campinas: Papirus, 2003.

CAPRA, F. et al. *Alfabetização ecológica*: a educação das crianças para um mundo sustentável. São Paulo: Cultrix, 2006.

CARVALHO, A. M. P. (Org.). *Formação continuada de professores*: uma releitura das áreas de conteúdo. São Paulo: Cengage, 2017.

CIÊNCIA VIVA: a construção do conhecimento. São Paulo: Meca, 2001.

COELHO, M. I. M.; COSTA, A. E. B. et al. *A educação e a formação humana*. Porto Alegre: Artmed, 2009.

COHEN, Elizabeth G.; LOTAN, Rachel A. *Planejando o trabalho em grupo*: estratégias para salas de aula heterogêneas. Tradução de Luís Fernando Marques Dorvillé, Mila Molina Carneiro e Paula Márcia Schmaltz Ferreira Rozin. Porto Alegre: Penso, 2017.

CUNHA, N. H. S. *Criar para brincar*: a sucata como recurso pedagógico. São Paulo: Aquariana, 2005.

CURRIE, K. L.; CARVALHO, Sheila Elizabeth Currie de. *Nutrição*: Interdisciplinaridade na prática. Campinas: Papirus, 2017.

DELIZOICOV, D.; ANGOTTI, J. *A metodologia do ensino de ciências*. São Paulo: Cortez, 1990.

DEMO, P. *Habilidades e competências no século XXI*. Porto Alegre: Mediação, 2010.

DOW, K.; DOWNING, T. E. *O atlas da mudança climática*. São Paulo: Publifolha, 2007.

DUDENEY, G.; HOCKLY, N.; PEGRUM, M. *Letramentos digitais*. Tradução de Marcos Marciolino. São Paulo: Parábola Editorial, 2016.

FAZENDA, I. C. A. *Didática e interdisciplinaridade*. Campinas: Papirus, 2010.

GADOTTI, M. *Pedagogia da terra*. São Paulo: Peirópolis, 2000.

GARDNER, H. *Inteligências múltiplas*: a teoria na prática. Porto Alegre: Artmed, 1995.

GOULART, I. B. *Piaget*: experiências básicas para utilização pelo professor. Petrópolis: Vozes, 2003.

GUIMARÃES, M. *A formação de educadores ambientais*. Campinas: Papirus, 2004.

GUZZO, V. *A formação do sujeito autônomo*: uma proposta da escola cidadã. Caxias do Sul: Educs, 2004.

HOFFMANN, J. *Avaliar para promover*: as setas do caminho. Porto Alegre: Mediação, 2009.

KINDEL, E. A. *Práticas pedagógicas em Ciências*: espaço, tempo e corporeidade. Erechim: Edelbra, 2012.

KRAEMER, M. L. *Quando brincar é aprender*. São Paulo: Loyola, 2007.

LA TAILLE, Y. *Limites*: três dimensões educacionais. São Paulo: Ática, 2000.

LEGAN, L. *A escola sustentável*: eco-alfabetizando pelo ambiente. São Paulo: Imesp; Pirenópolis: Ecocentro, Ipec, 2007.

LUCKESI, C. C. *Avaliação da aprendizagem escolar*: estudos e proposições. 22. ed. São Paulo: Cortez, 2011.

MACEDO, L. *Ensaios pedagógicos*: como construir uma escola para todos? Porto Alegre: Artmed, 2005.

MARZANO, R. J.; PICKERING, D. J.; POLLOCK, J. E. *O ensino que funciona*: estratégias baseadas em evidências para melhorar o desempenho dos alunos. Porto Alegre: Artmed, 2008.

MINOZZO, E. L.; ÁVILA, E. P. de. *Escola segura*: prevenção de acidentes e primeiros socorros. Porto Alegre: AGE, 2006.

MOREIRA, A. F.; TADEU, T. (Org.). *Currículo, cultura e sociedade*. São Paulo: Cortez, 2013.

MOYLES, J. R. et al. *A excelência do brincar*. Porto Alegre: Artmed, 2006.

OLIVEIRA, G. C. *Avaliação psicomotora à luz da psicologia e da psicopedagogia*. Petrópolis: Vozes, 2014.

PAGNONCELLI, C.; MALANCHEN, J.; MATOS, N. S. D. *O trabalho pedagógico nas disciplinas escolares*: contribuições a partir dos fundamentos da pedagogia histórico-crítica. Campinas: Armazém do Ipê, 2016.

PERRENOUD, P. et al. *A escola de A a Z*: 26 maneiras de repensar a educação. Porto Alegre: Artmed, 2005.

ROEGIERS, X. *Aprendizagem integrada*: situações do cotidiano escolar. Porto Alegre: Artmed, 2006.

SANCHO, J. M. et al. *Tecnologias para transformar a educação*. Porto Alegre: Artmed, 2006.

SCHILLER, P.; ROSSANO, J. *Ensinar e aprender brincando*: mais de 750 atividades para Educação Infantil. Porto Alegre: Artmed, 2008.

SERRANO, G. P. *Educação em valores*: como educar para a democracia. Tradução de Fátima Murad. Porto Alegre: Artmed, 2002.

SETUBAL, M. A. *Educação e sustentabilidade*: princípios e valores para a formação de educadores. São Paulo: Peirópolis, 2015.

SILVA, J. F. da; HOFFMANN, J.; ESTEBAN, M. T. (Org.). *Práticas avaliativas e aprendizagens significativas*. Porto Alegre: Mediação, 2003.

TRIVELATO, S. F.; SILVA, R. L. F. *Ensino de Ciências*. São Paulo: Cengage Learning, 2017. (Coleção Ideias em ação).

MUNDO DA CIÊNCIA

Feito pelo joca

AMBIENTE
A PROIBIÇÃO DOS CANUDOS DE PLÁSTICO

1º ano
MARCHA CRIANÇA

ESCOVA DE DENTES
A PRIMEIRA SURGIU NA PRÉ-HISTÓRIA

CURIOSIDADES SOBRE GATOS

ANIMAIS DE ESTIMAÇÃO

INÚMERAS CASAS BRASILEIRAS TÊM ALGUM BICHO. SAIBA POR QUE FAZ BEM CONVIVER COM *PETS*.

EDITORIAL

Nesta edição da revista *Mundo da Ciência*, você vai descobrir que muitas casas no Brasil têm ao menos um bicho de estimação. As curiosidades sobre os animais não param por aí: nas próximas páginas, contamos mais sobre a vida dos gatos e o olfato dos animais. Também contamos a história da escova de dentes e apresentamos um jeito novo de beber água. Boa leitura!

IMAGENS: SHUTTERSTOCK

SUMÁRIO

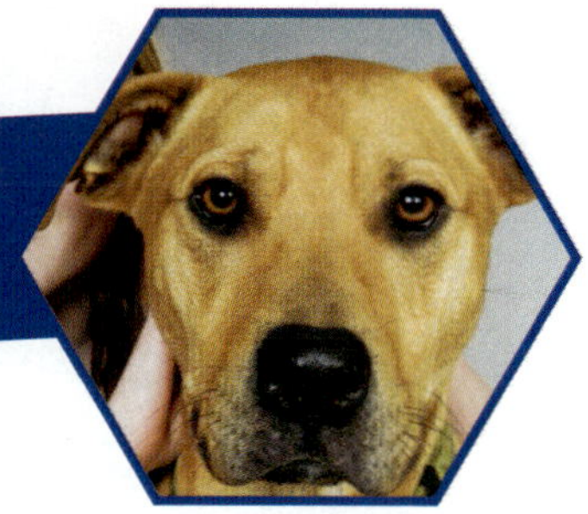

FIQUE SABENDO

GATOS

Estes animais de estimação não identificam gostos doces.

Os gatos dormem mais da metade do dia.

Gatos escutam muito bem. São capazes de ouvir do décimo andar de um prédio os donos chegando ao térreo.

Normalmente, gatos têm 12 bigodes de cada lado da face.

Correm até 49 quilômetros por hora em curtas distâncias.

Gatos pretos são sinal de boa sorte na Austrália e no Reino Unido.

IMAGENS: SHUTTERSTOCK

FONTE: JORNAL *JOCA*, EDIÇÃO 60 (2/6/2015 A 15/6/2015).

CANUDOS PLÁSTICOS

O uso de canudos de plástico está proibido em restaurantes, lanchonetes e qualquer outro tipo de estabelecimento alimentício na cidade do Rio de Janeiro, desde 19 de julho de 2018.

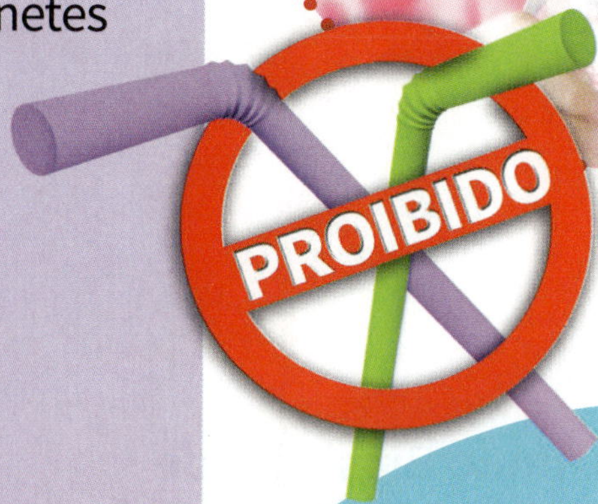

A partir dessa data, os únicos canudos permitidos na cidade passaram a ser os fabricados com material biodegradável.

Maya D. B., de 7 anos, viu diferença na cidade em poucos dias. “Depois da lei, fui a um restaurante que não tinha canudos. Na minha escola, eles também não existem mais. Usamos copos, que são lavados depois.”, conta.

PELO MUNDO

Leis parecidas já entraram em vigor em outros locais, como na cidade de Seattle, nos Estados Unidos. Por lá, canudos e outros utensílios plásticos foram banidos dos estabelecimentos também em julho de 2018.

Redes de restaurantes ao redor do planeta tiveram a mesma iniciativa. Algumas delas passaram a usar apenas canudos de papel.

FONTE: JORNAL *JOCA*, EDIÇÃO 117 (13/8/2018 A 27/8/2018).

BRASILEIROS TÊM MUITOS PETS

De acordo com o Instituto Brasileiro de Geografia e Estatística (IBGE), em pesquisa feita em 2013 e divulgada em 2015, dos 65 milhões de lares brasileiros, 28,9 milhões têm pelo menos um cachorro (o que equivale a 44,3% das casas brasileiras) e 11,5 milhões têm ao menos um gato (o equivalente a 17,7% dos lares em nosso país).

CASAS NO BRASIL COM ANIMAIS DE ESTIMAÇÃO

A CADA 10 LARES BRASILEIROS, CERCA DE 2 TÊM AO MENOS UM GATO

A CADA 10 LARES BRASILEIROS, CERCA DE 4 TÊM AO MENOS UM CACHORRO

FONTE: JORNAL *JOCA*, EDIÇÃO 94 (2/5/2017 A 15/5/2017).

EXISTEM

22 100 000
GATOS NO BRASIL

EXISTEM

52 200 000
CACHORROS NOS BRASIL

DONOS DE *PETS*

A partir das informações do IBGE, o Instituto Brasileiro de Opinião Pública e Estatística (Ibope) realizou uma pesquisa sobre os donos de cães e gatos no Brasil, em julho de 2016.

RESULTADOS DA PESQUISA

O estudo do Ibope mostrou que os donos escolhem um animal de estimação que combine com seu jeito de viver, para ter companhia e interagir.

Na mesma época, a Universidade de Liverpool, na Inglaterra, publicou uma pesquisa sobre os benefícios de ter um animal de estimação. Crianças e adolescentes que convivem com *PETS* costumam ter autoestima mais elevada (confiam mais em si mesmos) e se sentem menos sozinhos.

IMAGENS: SHUTTERSTOCK

FONTE: JORNAL *JOCA*, EDIÇÃO 117 (13/8/2018 A 27/8/2018).

BRITÂNICOS CRIAM BOLHAS DE ÁGUA COMESTÍVEIS

Que tal abandonar as garrafas de plástico e passar a beber bolhas de água? Essa é a proposta da empresa britânica ***Skipping Rocks Lab***, que criou as ***Ooho!***, bolhas de água comestíveis. Inspiradas na técnica culinária da **esferificação**, as bolhas são produzidas com algas e, depois de usadas, decompõem-se completamente entre quatro e seis semanas.

A esferificação coloca líquido dentro de uma cápsula para que ele cause a sensação de explosão ao ser ingerido.

IMAGENS: SHUTTERSTOCK E DIVULGAÇÃO

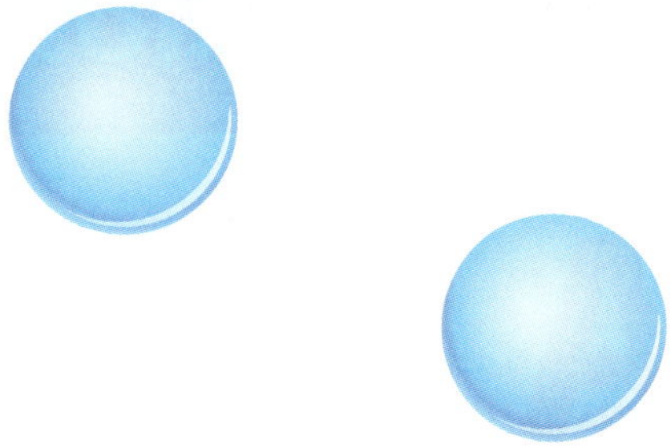

PRONTO PARA BEBER

Cada **bolha** contém a mesma quantidade de uma garrafinha PET. A novidade foi testada por cerca de dois anos e, em 2018, já estava disponível para consumo em eventos, como corridas esportivas.

ECONOMIA

Além de ecológicas, as bolhas de água são mais baratas do que as garrafas de plástico, chamadas de PET. Por exemplo: as bolhas precisam de nove vezes menos energia elétrica para ser produzidas.

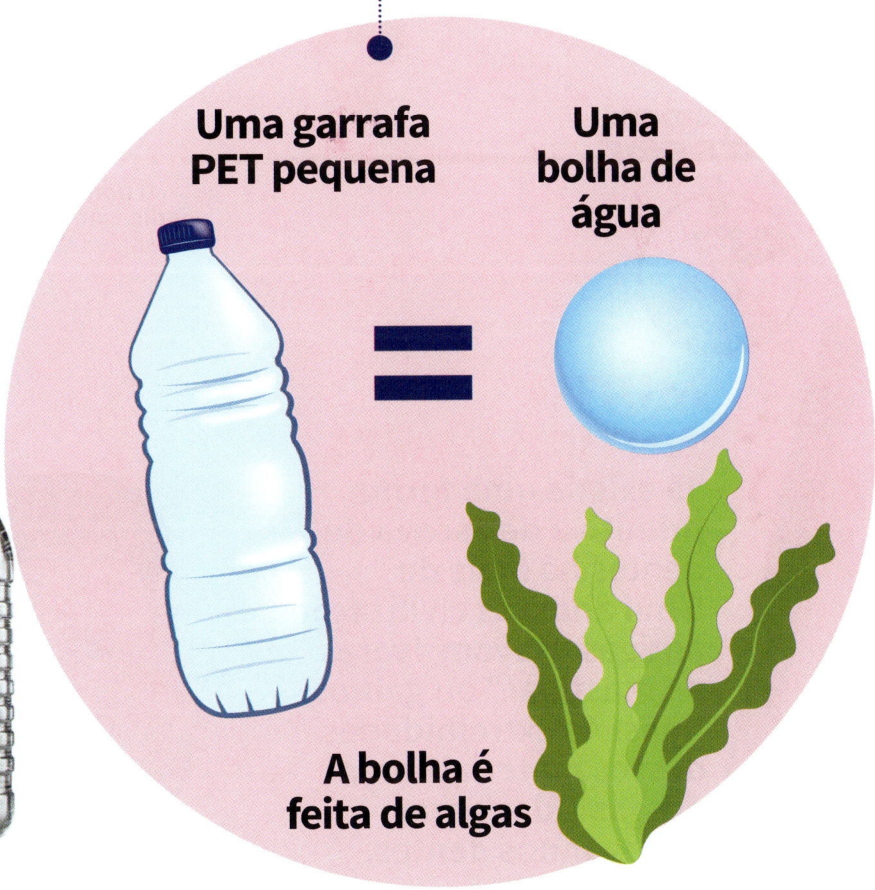

FONTE: JORNAL *JOCA*, EDIÇÃO 95 (16/5/2017 A 29/5/2017).

A HISTÓRIA DA ESCOVA DE DENTES

5 mil anos atrás

O pontilhado indica uma grande passagem de tempo

MUITO ANTIGAMENTE

Já existia uma forma primitiva de escova de dentes há mais de 5 mil anos: as civilizações antigas usavam "varas de mastigar" ou galhos finos. As extremidades desses materiais eram desgastadas para esfregar nos dentes.

CHINESES

Por volta do século 15, os chineses inventaram a primeira escova de dentes com cerdas, um modelo rústico compos de uma haste de bambu e cerdas feitas com pelos de porcos. Essas escovas causavam diversas infecções na boca.

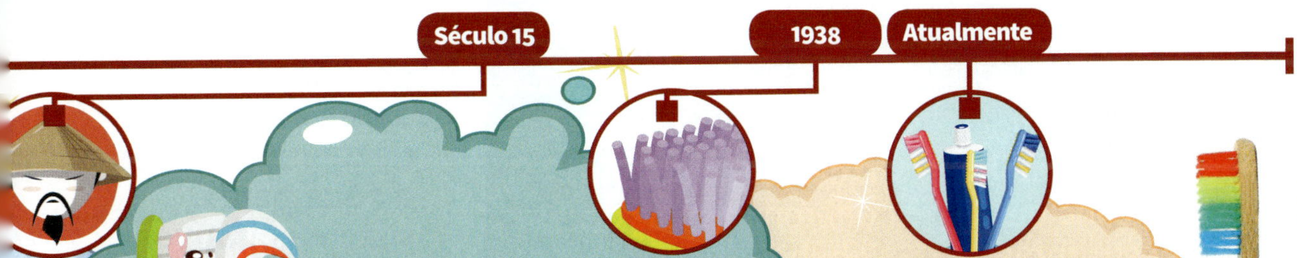

NÁILON

Foi apenas em 1938 que o náilon (material sintético, ou seja, feito em laboratório) passou a ser usado para fabricar as cerdas das escovas. A novidade permitiu que a limpeza dos dentes fosse feita sem agredir a gengiva.

ATUALMENTE

Existem diversas opções de escova de dentes, com cores, formatos e tecnologia diferentes – como cerdas muito macias.

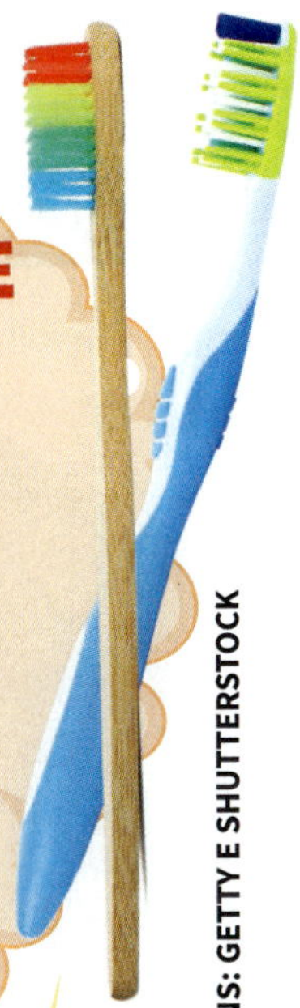

IMAGENS: GETTY E SHUTTERSTOCK

FONTE: JORNAL *JOCA*, EDIÇÃO 30 (2/10/2013 A 17/10/2013).

O OLFATO DOS HUMANOS

É TÃO BOM QUANTO O DOS ANIMAIS, DIZ PESQUISA

Cientistas da Universidade Rutgers, nos Estados Unidos, descobriram, em maio de 2017, que os seres humanos conseguem sentir aromas tanto quanto os outros animais, como cachorros e ratos.

Depois de passar 14 anos estudando o sistema olfativo, o pesquisador John McGann concluiu que as estruturas responsáveis por identificar os cheiros são tão complexas em humanos quanto em outros mamíferos.

O QUE SE PENSAVA ANTES

Os cientistas acreditavam que as pessoas identificavam 10 mil odores. Mas, agora, os pesquisadores descobriram que o cérebro humano diferencia mais de 3 bilhões de cheiros.

IMAGENS: SHUTTERSTOCK

ORIGEM

A ideia de que o olfato humano não é tão bom quanto o de outros animais surgiu no século 19. Nessa época, o cientista francês Paul Broca sugeriu que o cérebro humano, durante seu desenvolvimento, deu mais espaço para a capacidade de tomar decisões do que para o sistema olfativo.

A percepção dos aromas é muito útil na vida das pessoas, como na hora de identificar odores e determinar se os alimentos estão em bom estado para consumo ou não.

FONTE: JORNAL *JOCA*, EDIÇÃO 96 (30/5/2017 A 12/6/2017).

QUADRINHOS

ILUSTRAÇÃO: FABIANO

DIVIRTA-SE

PREENCHA AS LACUNAS USANDO AS OITO PEÇAS ABAIXO:

IMAGENS: SHUTTERSTOCK

FONTE: JORNAL *JOCA*, EDIÇÃO 18 (1ª QUINZENA DE MARÇO DE 2013).

RESPOSTA: A4, B2, C5, D6, E7, F8, G3, H1

QUE TAL AJUSTAR TODAS AS PEÇAS PARA FORMAR O GATO?

IMAGENS: SHUTTERSTOCK

Resposta do passatempo

FONTE: JORNAL *JOCA*, EDIÇÃO 91 (20/3/2017 A 3/4/2017).

editora scipione

MARCHA CRIANÇA

1º ANO
ENSINO FUNDAMENTAL

CADERNO DE CRIATIVIDADE E ALEGRIA

ALUNO: ....

ESCOLA: .... TURMA: ....

editora scipione

SUMÁRIO

CONHECENDO A SI MESMO

CONHECENDO VOCÊ

1 SEPARE REVISTAS, JORNAIS OU LIVROS E PROCURE IMAGENS DE CRIANÇAS QUE TENHAM A MESMA IDADE QUE VOCÊ. RECORTE E COLE NO QUADRO ABAIXO A FOTOGRAFIA DA CRIANÇA QUE MAIS SE ASSEMELHA A VOCÊ.

- QUAIS CARACTERÍSTICAS DESSA CRIANÇA VOCÊ CONSIDEROU SEMELHANTES ÀS SUAS?

☐ CABELO ☐ NARIZ ☐ OLHOS ☐ BOCA

☐ CORPO ☐ PELE ☐ ....

2 FORME DUPLA COM UM COLEGA PARA REALIZAR O SEGUINTE JOGO. SIGAM AS INSTRUÇÕES.

A) RECORTEM APENAS A ÁREA PONTILHADA DE CADA PERSONAGEM E DOBREM O PAPEL DE MODO QUE ELAS FIQUEM TODAS "EM PÉ".

B) ESCOLHA O NÚMERO DE UMA DAS PERSONAGENS E NÃO CONTE AO SEU COLEGA. ANOTE O NÚMERO DESSA PERSONAGEM NO ÚLTIMO QUADRO.

C) DE FORMA ALTERNADA, CADA JOGADOR DEVE FAZER UMA PERGUNTA AO COLEGA PARA TENTAR ADIVINHAR A PERSONAGEM ESCOLHIDA. A RESPOSTA A ESSAS PERGUNTAS DEVE SER SEMPRE "SIM" OU "NÃO". POR EXEMPLO: "ELE/ELA USA ÓCULOS?". SE A RESPOSTA FOR "SIM", O JOGADOR DEVE ABAIXAR AS PERSONAGENS DO SEU TABULEIRO QUE NÃO USAM ÓCULOS. SE A RESPOSTA FOR "NÃO", DEVE ABAIXAR TODAS AS PERSONAGENS QUE USAM ÓCULOS.

Ilustrações: Ilustra Cartoon/Arquivo da editora

D) AO FINAL DE ALGUMAS RODADAS, DEVE RESTAR APENAS UMA PERSONAGEM. ASSIM, O JOGADOR QUE ENCONTRAR PRIMEIRO E CORRETAMENTE A PERSONAGEM DE SEU COLEGA GANHA O JOGO.

Ilustrações: Ilustra Cartoon/Arquivo da editora

CONHECENDO NOSSO CORPO E CUIDANDO DELE

3 IDENTIFIQUE E RECORTE AS PARTES DO CORPO A SEGUIR. PARA UNI-LAS, POSICIONE CORRETAMENTE UM PONTO SOBRE O OUTRO. FAÇA FUROS NESSAS MARCAS E USE COLCHETES BAILARINA PARA PRENDER TODAS AS PARTES DO CORPO. OUTRA OPÇÃO É USAR COLA.

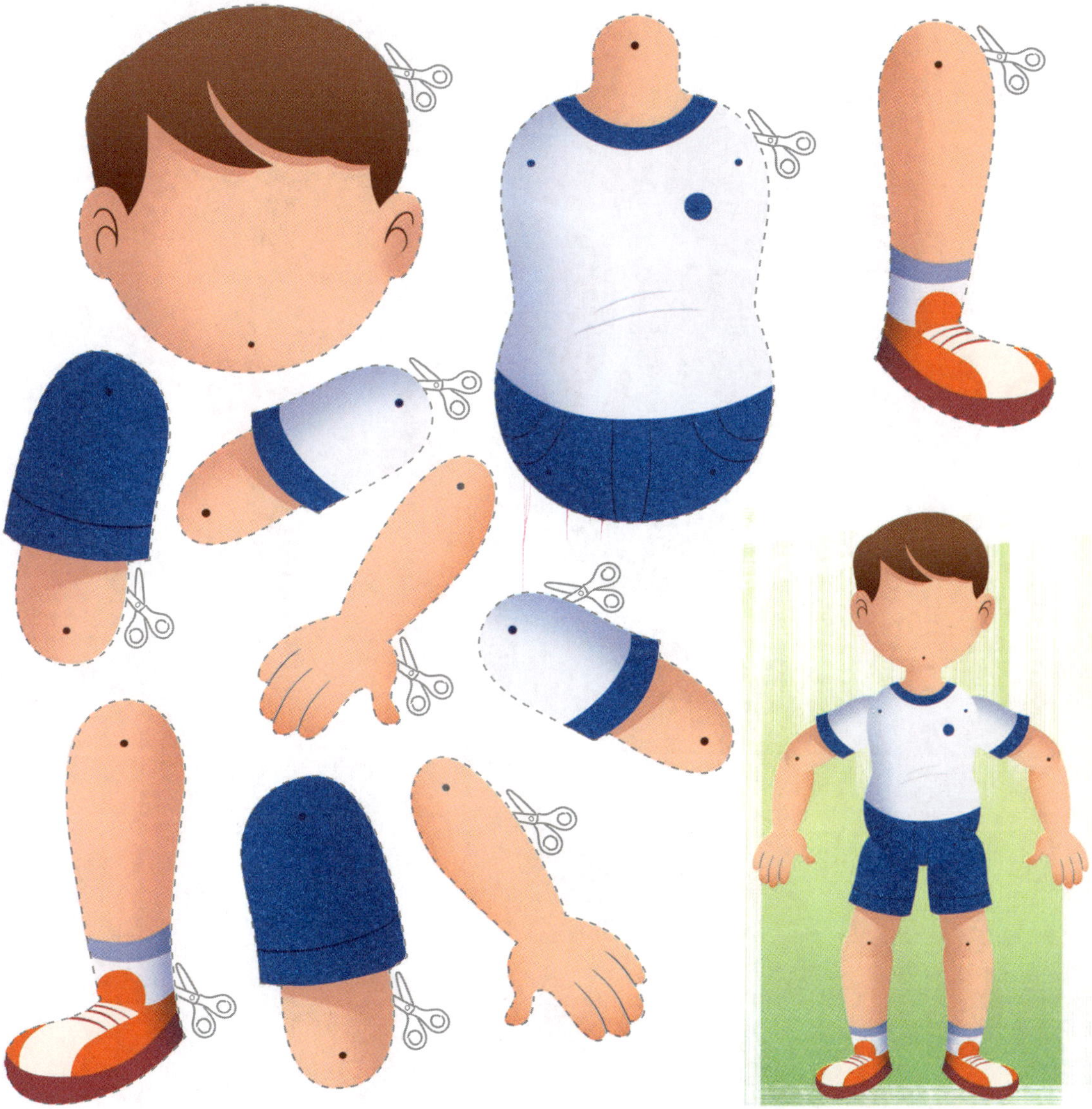

Ilustra Cartoon/Arquivo da editora

- DESENHE UM ROSTO E ACRESCENTE OUTRAS CARACTERÍSTICAS NO BONECO. REÚNA-SE COM UM COLEGA E MONTEM UM TEATRO QUE ENSINE ALGUNS DOS CUIDADOS QUE DEVEMOS TER COM O NOSSO CORPO!

OS SENTIDOS E O MUNDO EM QUE VIVEMOS

4 ESCOLHA UM PERFUME, UMA FRUTA OU UMA SUBSTÂNCIA QUE TENHA ODOR E APLIQUE-A NO PRIMEIRO QUADRO. AO LADO, DESENHE O ÓRGÃO DO SENTIDO QUE PERMITE PERCEBER O ODOR.

- TROQUE DE CADERNO COM SEUS COLEGAS E, COM OS OLHOS FECHADOS, PROCURE IDENTIFICAR OS ODORES QUE ELES ESCOLHERAM.

5 A VISÃO PERMITE QUE OS NOSSOS OLHOS PERCEBAM DIFERENTES CORES. PINTE CADA QUADRO COM A COR INDICADA.

DA SUA ROUPA FAVORITA	DA SUA CASA	DOS OLHOS DE UM COLEGA

6 SEPARE UM FRAGMENTO DE TECIDO, PAPEL OU DE ALGO QUE APRESENTE TEXTURA E COLE-O NO PRIMEIRO QUADRO. AO LADO, DESENHE O ÓRGÃO DO SENTIDO QUE PERMITE PERCEBER A TEXTURA.

- AGORA, TROQUE DE CADERNO COM SEUS COLEGAS E, COM OS OLHOS FECHADOS, PROCURE IDENTIFICAR AS TEXTURAS QUE ELES ESCOLHERAM.

7 NA CLASSE, EM CASA OU EM UM PARQUE, FIQUE ATENTO AOS SONS. FECHE OS OLHOS POR 1 MINUTO E TENTE IDENTIFICAR CADA UM DELES. DEPOIS, DESENHE NO QUADRO ABAIXO O OBJETO OU O SER VIVO QUE PRODUZIU CADA SOM E INDIQUE A POSIÇÃO DELE.

Ilustra Cartoon/Arquivo da editora

AMBIENTE E SEUS RECURSOS

O AMBIENTE AO NOSSO REDOR

8 O AMBIENTE É FORMADO POR SERES VIVOS E POR ELEMENTOS NÃO VIVOS. QUE TAL REPRESENTAR UM AMBIENTE NO QUADRO ABAIXO?

- USE TINTAS COLORIDAS PARA FAZER MARCAS COM SUAS IMPRESSÕES DIGITAIS E CRIAR SERES VIVOS.
- DESENHE OS ELEMENTOS NÃO VIVOS COM LÁPIS DE COR.
- TENTE REPRESENTAR OS SERES VIVOS SE RELACIONANDO ENTRE SI E COM OS ELEMENTOS NÃO VIVOS DO AMBIENTE.

Ilustrações: Ilustra Cartoon/Arquivo da editora

UM POUCO MAIS SOBRE OS RECURSOS NATURAIS

OS SERES VIVOS PODEM USAR RECURSOS NATURAIS COMO A ÁGUA, O SOLO E AS PLANTAS PARA CONSTRUIR SUAS CASAS.

9 IDENTIFIQUE OS RECURSOS QUE FORAM USADOS PELAS PESSOAS PARA FAZER CADA UMA DAS CASAS A SEGUIR.

Du Zuppani/Pulsar Imagens

Du Zuppani/Pulsar Imagens

....

....

Photolibrary RM/Getty Images

DESENHE A SUA CASA NO QUADRO ABAIXO.

....

....

10 LIGUE OS PONTOS E CONHEÇA UM ANIMAL QUE PASSA A MAIOR PARTE DA VIDA EM CIMA DE ÁRVORES COMO A EMBAÚBA, ALIMENTANDO-SE DE SUAS FOLHAS.

11 O TATU-CANASTRA CAVA BURACOS NO SOLO, ONDE VIVE. AJUDE OUTROS ANIMAIS A ENCONTRAREM ABRIGO NA TOCA DO TATU-CANASTRA.

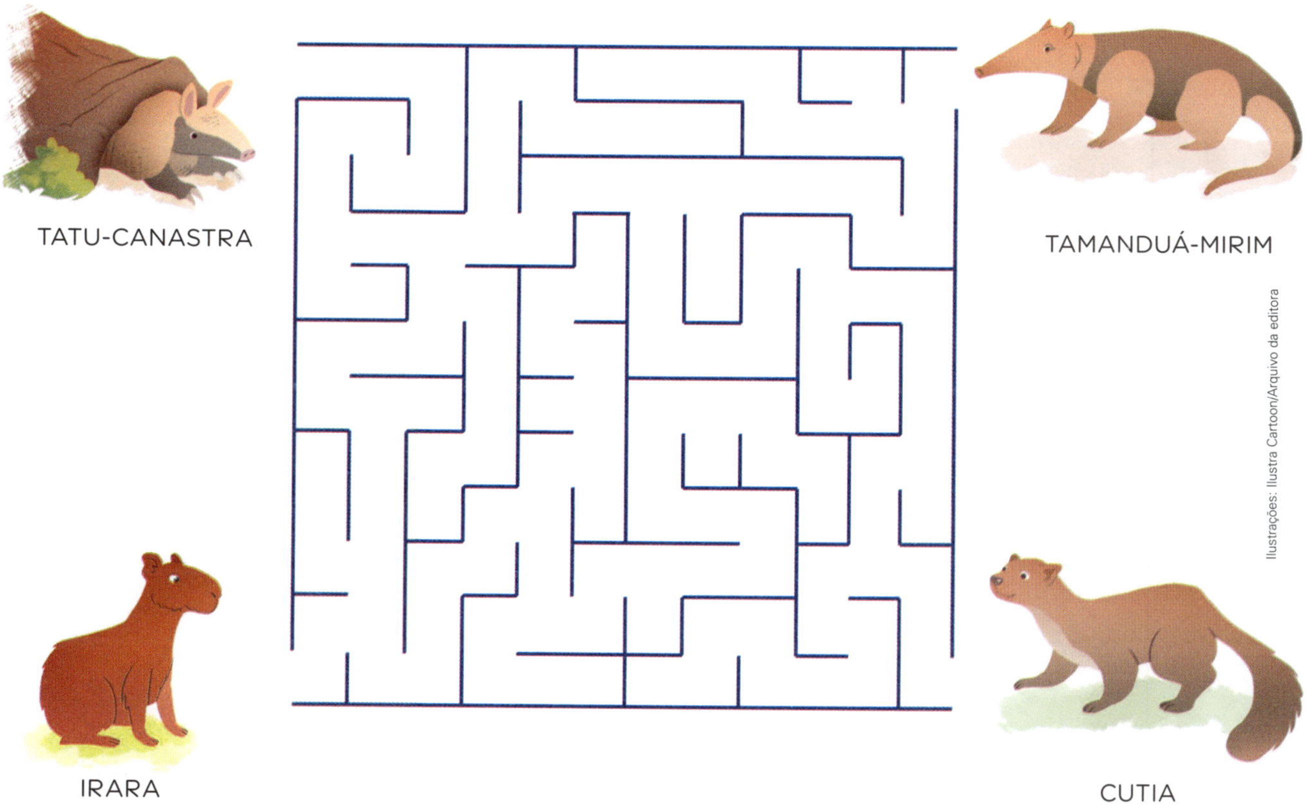

Ilustrações: Ilustra Cartoon/Arquivo da editora

O QUE USAMOS NO DIA A DIA

12 PARA CONSTRUIR OS PRÓPRIOS BRINQUEDOS É PRECISO SER CRIATIVO E SABER ESCOLHER MATERIAIS. VOCÊ JÁ PENSOU COMO MONTAR UM CARRINHO? VEJA UM EXEMPLO.

Ilustra Cartoon/Arquivo da editora

- AGORA É A SUA VEZ. ESCOLHA MATERIAIS QUE USAMOS NO DIA A DIA E CRIE UM CARRINHO OU OUTRO BRINQUEDO. DESENHE A SUA IDEIA, INDICANDO OS MATERIAIS QUE DEVEM SER UTILIZADOS.

AMBIENTE NATURAL E AMBIENTE MODIFICADO: A NATUREZA E SEUS RECURSOS

13 VOCÊ SABE DAR UM EXEMPLO DE COMO UM AMBIENTE PODE SER MODIFICADO? OBSERVE OS QUADRINHOS A SEGUIR, RECORTE-OS E COLE-OS NA ORDEM DOS ACONTECIMENTOS, NA PÁGINA 17.

Ilustrações: Ilustra Cartoon/Arquivo da editora

- COLE ABAIXO AS IMAGENS DA PÁGINA 15 NA ORDEM DOS ACONTECIMENTOS.

1	2
3	4
5	

- NO CADERNO, CRIE UMA HISTÓRIA PARA ESSES QUADRINHOS. ESCREVA O MOTIVO QUE VOCÊ CRIOU PARA AS ÁRVORES TEREM SIDO CORTADAS.

VOCÊ GOSTA MAIS DO DIA OU DA NOITE?

14 PINTE A PAISAGEM ABAIXO E A COMPLETE COM NOVOS DESENHOS, REPRESENTANDO O DIA OU A NOITE.

- DE ACORDO COM O SEU DESENHO, MARQUE UM **X** NA PREVISÃO DO TEMPO PARA ESSE DIA OU ESSA NOITE.

☐ 

☐ 

☐ 

☐ 

☐

☐ 

☐ 

☐ 

Ilustrações: Ilustra Cartoon/Arquivo da editora

15 VOCÊ SABIA QUE ALGUNS ZOOLÓGICOS ORGANIZAM VISITAS DURANTE A NOITE?

MARQUE UM **X** NO ITEM QUE VOCÊ LEVARIA A UMA VISITA NOTURNA AO ZOOLÓGICO.

☐ 

☐ 

☐ 

Ilustrações: Ilustra Cartoon/Arquivo da editora

16 PINTE A IMAGEM QUE MOSTRA UM DOS ANIMAIS QUE PODERIA SER AVISTADO NESSE PASSEIO.

SERES VIVOS E O AMBIENTE

OS VEGETAIS

17 VOCÊ SABIA QUE PODEMOS DIFERENCIAR OS DIVERSOS TIPOS DE PLANTAS PELAS SUAS FOLHAS?

PARA OBSERVAR ISSO, COLETE TRÊS FOLHAS, CADA UMA DE UMA PLANTA DIFERENTE. POSICIONE AS FOLHAS LADO A LADO NA PARTE DE TRÁS DO QUADRO A SEGUIR. PASSE UM GIZ DE CERA OU LÁPIS DE COR SOBRE CADA FOLHA E COMPARE OS DESENHOS QUE ELAS FORMAM.

PARTES DE UM VEGETAL

18 ALÉM DAS FOLHAS, OS VEGETAIS COSTUMAM APRESENTAR OUTRAS PARTES. ENCONTRE O NOME DESSAS PARTES NO DIAGRAMA A SEGUIR.

SEMENTE RAIZ CAULE FOLHA FLOR FRUTO

S	E	M	E	N	T	E	G	H	F	R	H	L	P	L	H	D
F	J	O	L	U	Z	R	T	Y	R	H	T	O	H	A	R	F
S	A	S	U	A	D	V	K	P	U	F	O	L	H	A	P	T
O	L	S	R	I	N	C	B	M	T	P	O	I	T	P	A	R
C	B	M	D	R	A	I	F	L	O	R	A	D	Y	Z	P	O
A	V	F	R	D	H	N	S	M	Q	I	V	E	D	M	Q	I
Z	S	R	A	I	Z	I	U	F	T	H	A	P	Z	U	D	Q
N	S	M	I	P	Z	T	S	M	S	B	U	O	S	R	S	E
K	Q	D	X	S	C	S	B	S	A	D	G	T	I	A	M	T
L	E	T	J	F	C	A	U	L	E	S	U	I	V	G	F	A
T	E	N	U	T	R	P	U	D	M	Z	I	E	N	T	E	S

19 COSTUMAMOS USAR MUITAS PLANTAS EM NOSSA ALIMENTAÇÃO. ESCREVA UM EXEMPLO DE CADA PARTE DE PLANTA DE QUE COSTUMAMOS NOS ALIMENTAR.

CAULE: ....

FOLHA: ....

FLOR: ....

FRUTO: ....

RAIZ: ....

COMO NASCEM AS PLANTAS?

20 É COMUM PLANTAS COM SEMENTES DENTRO DE FRUTOS. VOCÊ SE LEMBRA DE COMO SÃO AS SEMENTES DOS FRUTOS ABAIXO? DESENHE-AS.

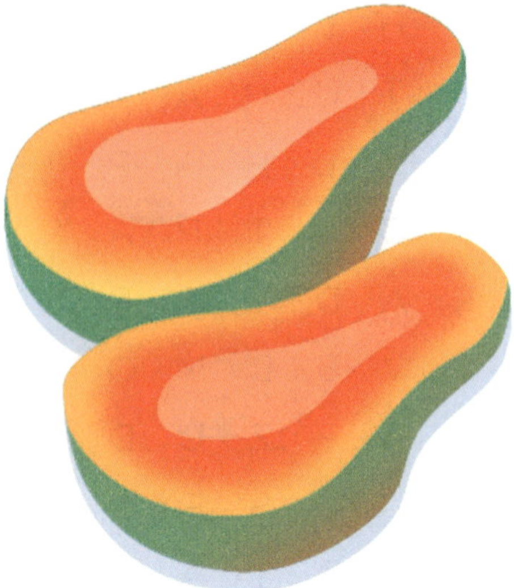

MAMÃO

MELANCIA

LARANJA

TOMATE

Ilustrações: Ilustra Cartoon/Arquivo da editora

ONDE VIVEM OS ANIMAIS?

21 RECORTE AS IMAGENS ABAIXO E COLE-AS NA PÁGINA 25, NO LUGAR EM QUE CADA ANIMAL VIVE.

Ilustrações: Ilustra Cartoon/Arquivo da editora

PODEMOS ENCONTRAR ANIMAIS EM DIVERSOS AMBIENTES. RECORTE AS FIGURAS DOS ANIMAIS DA PÁGINA 23 E COLE-AS NOS AMBIENTES CORRETOS ABAIXO. EM SEGUIDA, CONVERSE COM OS COLEGAS SOBRE O TIPO DE COBERTURA E O TIPO DE LOCOMOÇÃO QUE ESSES ANIMAIS APRESENTAM.

Ilustrações: Ilustra Cartoon/Arquivo da editora

ANIMAIS SILVESTRES E ANIMAIS DOMESTICADOS

22 TANTO ANIMAIS SILVESTRES QUANTO ANIMAIS DOMESTICADOS PRECISAM DE PROTEÇÃO. VEJA ALGUNS EXEMPLOS DE CAMPANHAS PARA PROTEGER ESSES ANIMAIS.

Reprodução/ICMBio

Reprodução/USP

- CIRCULE O ANIMAL DOMESTICADO.
- A DESTRUIÇÃO DO *HABITAT* PARA DESOVA E A POLUIÇÃO DOS OCEANOS (PRINCIPALMENTE POR PLÁSTICO) SÃO ALGUNS DOS FATORES QUE AMEAÇAM A SOBREVIVÊNCIA DAS TARTARUGAS MARINHAS. CRIE, NO QUADRO ABAIXO, UMA CAMPANHA PARA A PROTEÇÃO DA TARTARUGA MARINHA.

PARA QUE SERVEM AS VACINAS?

23 VOCÊ SABIA QUE OS *PETS*, COMO OS CÃES, TAMBÉM PRECISAM TOMAR VACINAS? VEJA O CALENDÁRIO DE VACINAÇÃO PARA OS CÃES.

CALENDÁRIO COMPLETO DE VACINAS PARA CÃES		
V8	1ª DOSE (45 DIAS) 2ª DOSE (75 DIAS) 3ª DOSE (105 DIAS) REFORÇO ANUALMENTE	CINOMOSE (DOENÇA QUE TRAZ DANOS NEUROLÓGICOS E RESPIRATÓRIOS), PARVOVIROSE E CORONAVIROSE (PROVOCAM DIARREIA), HEPATITE (ATACA O FÍGADO), LEPTOSPIROSE (CAUSA DORES MUSCULARES) E PARAINFLUENZA (COMPROMETE OS PULMÕES).
V10	1ª DOSE (45 DIAS) 2ª DOSE (75 DIAS) 3ª DOSE (105 DIAS) REFORÇO ANUALMENTE	COMBATE AS MESMAS DOENÇAS QUE A V8 E PROTEGE CONTRA A PARVOVIROSE E A LEPTOSPIROSE.
ANTIRRÁBICA	120 DIAS REFORÇO ANUALMENTE	CONTRA RAIVA (DOENÇA QUE TRAZ DANOS NEUROLÓGICOS). É OBRIGATÓRIA POR LEI.
RINOTRAQUEÍTE INFECCIOSA	1ª DOSE (45 DIAS) 2ª DOSE (DEPOIS DE 75 DIAS) REFORÇO ANUALMENTE	TOSSE DOS CÃES.
GIARDÍASE	1ª DOSE (45 DIAS) 2ª DOSE (DEPOIS DE 75 DIAS) REFORÇO ANUALMENTE	CONTRA INFECÇÕES INTESTINAIS.

AS VACINAS AJUDAM A PREVENIR ALGUMAS DOENÇAS.

- OS ANIMAIS TAMBÉM FICAM DOENTES?

  ☐ SIM ☐ NÃO

- AS VACINAS QUE DAMOS PARA OS CÃES SÃO AS MESMAS QUE NÓS TOMAMOS?

....

....

HÁBITOS DE HIGIENE DO CORPO

24 A ÁGUA É UM RECURSO MUITO IMPORTANTE PARA OS SERES VIVOS. ALÉM DE NOS HIDRATAR E FAZER PARTE DO NOSSO CORPO, ELA É USADA NOS HÁBITOS DE HIGIENE.

- USE AS PALAVRAS QUE COMPLETAM AS FRASES A SEGUIR PARA PREENCHER A CRUZADINHA ABAIXO.

  A ÁGUA DEVE SE USADA PARA:

  1 LAVAR AS .... ANTES DAS REFEIÇÕES.

  2 ESCOVAR OS .... APÓS AS REFEIÇÕES.

  3 LAVAR O .... TODOS OS DIAS.

  4 LAVAR AS .... QUE VESTIMOS.

  5 LAVAR A .... QUE USAMOS PARA FAZER COMIDA E PARA COMER.

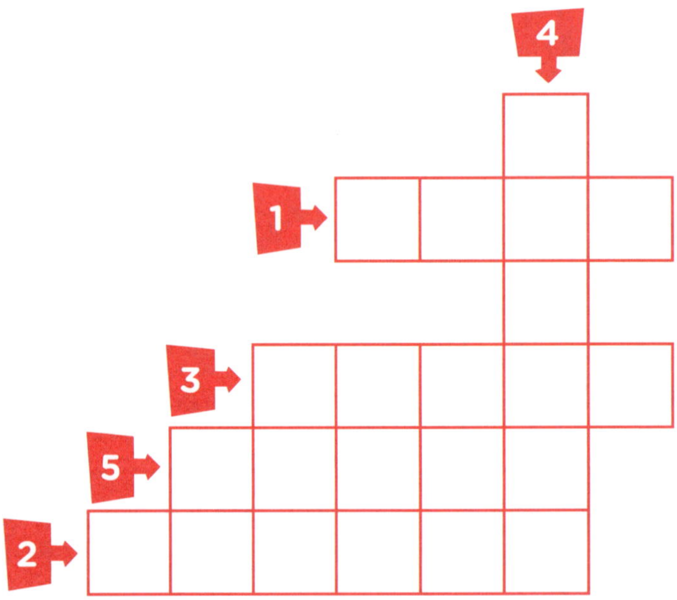

25 HÁ BOLSAS FEITAS ESPECIALMENTE PARA GUARDAR OS PRODUTOS DE HIGIENE PESSOAL QUE USAMOS DURANTE UM DIA OU DURANTE UMA VIAGEM.

- ESCREVA O NOME OU DESENHE OS ITENS DE HIGIENE E DE CUIDADOS COM O CORPO QUE VOCÊ LEVARIA EM UMA VIAGEM.

Ilustra Cartoon/Arquivo da editora

ALIMENTAÇÃO

26 RECORTE ALIMENTOS QUE FAZEM BEM À SAÚDE E MONTE UM PRATO SAUDÁVEL.

Ilustrações: Ilustra Cartoon/Arquivo da editora

CUIDAR DO MEIO AMBIENTE É CUIDAR DA SAÚDE

27 PENSE EM AÇÕES QUE PODEM CONTRIBUIR PARA DEIXAR O AMBIENTE ESCOLAR MAIS SAUDÁVEL E AGRADÁVEL.
SOB ORIENTAÇÃO DO PROFESSOR, MONTE AQUI UMA LISTA COM CINCO AÇÕES PARA CUIDAR DO AMBIENTE. CADA VEZ QUE VOCÊ REALIZAR ALGUMA DELAS, RECORTE UM DOS CARTÕES QUE ESTÃO AO FINAL DESTA PÁGINA E COLE-O AO LADO DO ITEM REALIZADO.

1 ....

2 ....

3 ....

4 ....

5 ....

Ilustrações: Ilustra Cartoon/Arquivo da editora